中外汽车品牌
商标命名与翻译研究

刘彦哲 ◎ 著

团结出版社

图书在版编目（ＣＩＰ）数据

中外汽车品牌商标命名与翻译研究 / 刘彦哲著 . --
北京 ：团结出版社，2022.6
　　ISBN 978-7-5126-9490-3

　　Ⅰ．①中… Ⅱ．①刘… Ⅲ．①汽车－商标－命名－研
究－世界②汽车－商标－翻译－研究－世界 Ⅳ．
①F766.5

中国版本图书馆 CIP 数据核字 (2022) 第 121168 号

出　　　版：团结出版社
　　　　　　（北京市东城区东皇城根南街 84 号　邮编 100006）
电　　　话：（010）65228880　65244790
网　　　址：http://www.tjpress.com
E－mail：65244790@163.com
经　　　销：全国新华书店
印　　　刷：重庆一印包装印务有限公司
装　　　订：重庆一印包装印务有限公司

开　　　本：170mm×240mm　　16 开
印　　　张：11.5
字　　　数：128 千字
版　　　次：2022 年 6 月第 1 版
印　　　次：2023 年 1 月第 1 次印刷

书　　　号：978-7-5126-9490-3
定　　　价：68.00 元

目　录

绪 论

笔者对于商标研究的想法始于 2010 年对于"进出口产品商标的创制与翻译"的研究。此书是在当年论文的基础上的进一步研究，并聚焦于中外汽车品牌商标的命名与翻译这一分支而成。商标的命名和翻译涉及语言学、社会学、心理学、美学等多种学科，它对生产厂商和和消费者有巨大的影响。通过多年研究后，我决定把自己的思考和心得集结成册，希望能够与各位学界同仁分享。

商标是商品和商业服务的标志，使其生产和销售的商品或提供的服务不同于其他商品和服务。商标承载着商品和服务的有关信息，以及所赋予的文化信息。一个在国内和国际市场获得成功的企业，除了其产品和服务质量上乘、营销策略合理外，其提供的商品或服务的商标和商标译名也必然是优秀的。因为商标能带给消费者有关商品和服务的直观感受，是消费者选择商品时的重要依据之一。优秀的商标命名以及译名不仅有助于开拓市场，而且还起到宣传商品信息、引导消费者对产品加以关注、激发文化认同和心理情感共鸣、促进销量的作用。

中国是世界级消费市场，是商业巨头们激烈竞争的战场，在这其中国内外汽车企业竞争尤为激烈。外国各大汽车品牌已逐步进入中国市场，而中国民族汽车企业也在激烈的竞争中站稳脚跟，展现出勃勃生机和强劲的战斗力。越来越多的企业不再仅满足于立足国内，开始也投身海外，在外国市场上开疆拓土，并取得了巨大成功。这些企业的汽车商标品牌以及其文化内涵也需迎接国际化挑战。为了构建具有中国文化内涵的汽车商标品牌，并成功进入国际市场，对于中外汽车商标品牌的文化内涵及其命名和翻译做深入研究是很有必要的，同时具有重要的现实意义。作者通过文献研究法、比较研究法、个案研究法等方法对中外汽车商标品牌的命名与翻译进行了研究。

本书基本结构安排如下：

第一章：商标概述。重点介绍了商标的定义、起源、构成要素、基本特征和分类，让读者对中外商标有一个初步的了解。

第二章：中外商标中的文化。介绍了中外商标内在的文化要素和机理。

第三章：中外商标语言的审美。用三美论从商标的音美、形美和意美三方面揭示了中外商标的审美特征。

第四章：中外商标的命名。本章重点介绍了中外商标的命名原则、命名方法以及国内商标命名的发展趋势。

第五章：中外品牌商标的翻译。简要介绍了国内外翻译理论、商标翻译中存在的问题以及具体策略。

第六章：中外汽车品牌商标命名。重点论述了中外汽车商标品牌命名主要来源归类和分析，提出商标品牌命名美学特征，从语音、语义和修辞方面分析商标品牌命名的语言特征，最后指出国内自主汽车品牌命名中存在的问题。

第七章：基于适应论的中外汽车品牌商标翻译。介绍了商标翻译的基础原则、影响因素。重点叙述了适应理论在中外商标品牌翻译中的应用，并总结了常用的五种翻译方法，最后指出近期国内汽车品牌翻译中的错误与应注意问题。

笔者希望本书能够为提升国内汽车企业商标命名和翻译质量，助力企业在国内和国际市场的激烈竞争中获胜发挥一定的作用，为国家的汽车产业蓬勃发展做出一点贡献。

本书是个人近几年对于中外汽车商标品牌命名和翻译研究一些心得和总结，不足之处恳请各位同行批评指正。

第一章 商标概述

　　商标，顾名思义，是商品和商业服务的标志。它是商品生产者、经营者和服务提供者使用的独特标志，使其生产和销售的商品或提供的服务不同于其他商品和服务，以便消费者能够清楚地区分其独特性。

　　在现代社会，品牌无处不在，无论我们在哪里生活和工作，都能看到。清晨起床，用"佳洁士"（Crest）牙刷刷牙，用"吉列"（Gillette）剃须刀刮胡子，用"欧莱雅"（L'ORÉAL）洗面奶洗脸，喝杯"雀巢咖啡"（Nescafe）咖啡迎接新的一天。坐"三菱"（Mitsubishi）电梯下楼，开上我的"奇骏"（X-TRAIL），去学校，来到办公室，使用"联想"（Lenovo）电脑处理教学文件。下班后，穿上我的"李宁"（LI-NING）运动套装，和同事们一起锻炼健身。回家后，用"华帝"（vatti）灶具和"九阳"（Joyoung）空气炸锅为家人准备可口饭菜，饭后打开"创维"（SKYWORTH）电视看影视节目。最后，上了我的"苏椀居"（SUWANJU）大床，躺在我的"慕斯"（DeRUCCI）床垫上，进入梦乡。我们在工作和生活的时时刻刻都能感受到品牌的存在。

　　商标已经成为我们衣食住行的一部分，它们如影随形。当我们选择不同的商标时，我们实际上是在选择不同商标所代表的产品和服务。对于生产者、经营者和服务提供商来说，商标在某种程度上是一个生死攸关的问题。当一个企业的品牌逐渐从消费者的视野和消费者的选择列表中消失时，企业也将失去消费者和产品市场，走向消亡。品牌在全球的影响力程度已成为衡量企业影响力的重要标准。2021 年 12 月 7 日由世界品牌实验室（World Brand Lab）编制的 2021 年度（第十八届）《世界品牌 500 强》排行榜中，谷歌（Google）荣登榜首，亚马逊（Amazon）退居第二；微软（Microsoft）保持第三。世界 500 强中美国有 198 席，稳居品牌大国之首。法国、日本、中国和英国为世界品牌大国的第二梯度。中国品牌入选数（44个），位列第四。中国品牌正在崛起，包括国家电网、海尔、华润、中国人寿、五粮液、青岛啤酒、中化、中国南方电网、恒力、徐工和北大荒等。这很好地反映了这些公司在 2021 年的影响力。"世界品牌 500 强"的排名是基于品牌的全球影响力，包括品牌开拓市场、占领市场和获取利润的能力。它在一定程度上反映了企业品牌的影响力和市场价值。

　　在现代商业社会中，品牌已经成为生产者、经营者和服务提供者推销和推广其产品和服务的核心。他们毫不犹豫地投入大量资金和精力来推广和保护自己的品牌。例如，浙江的波导手机借鉴 2007 年赵本山和宋丹丹春晚小品一句广告词："下蛋公鸡，公鸡中的战斗机"而投放的的广告几乎无人不知。一架战斗机从电视屏幕中呼啸而过，"波导手机，手机中的战斗机"，为中国人所耳熟能详。然而，这竟是它的高光时刻。几年后手机市场经过几轮洗牌，波导手机早已销声匿迹，无人记起。波导的例子提醒人们，品牌推广很重要，但产品和服务质量以及核心技术创新是品牌提升的真正动力。

毫无疑问，品牌对企业很重要，但在我们更进一步之前，我们必须对品牌有一个清晰的认识。因此，本章将分别论述商标的定义、起源、构成要件、分类、基本特征、商标的使用和禁忌。

第一节　商标定义

汉语中"商标"是外来词，对应着英文中的"trademark"。商标是本书的研究对象，商标到底是什么？不同的媒体从各自的不同角度对"商标"一词给出了不同的定义。

世界知识产权组织（World Intellectual Property Organization, WIPO）把商标（trademark）定义为：商标是用以显著区别不同产品生产商和服务提供商的类似产品和服务的标志（世界知识产权组织官方网站，2011）。

《新牛津英汉双解大词典》(第二版)则这样定义"品牌"(trademark)：一个或多个合法注册或建立的用于代表公司或产品符号、单词（a symbol, word, or words, legally registered or established by use as representing a company or product）(2013年版，第2318页)。

百度百科对商标的定义为：商标(trade mark)是一个专门的法律术语。

商标是用以识别和区分商品或者服务来源的标志。任何能够将自然人、法人或者其他组织的商品与他人的商品区别开的标志，包括文字、图形、字母、数字、三维标志、颜色组合和声音等，以及上述要素的组合，均可以作为商标申请注册。

品牌或品牌的一部分在政府有关部门依法注册后，称为"商标"。商标受法律的保护，注册者有专用权。国际市场上著名的商标，往往在许多国家注册。中国有"注册商标"与"未注册商标"之区别。注册商标是在政府有关部门注册后受法律保护的商标，未注册商标则不受商标法律的保护。

维基百科对商标的定义为：商标是一种可识别的标志、设计或表达，用于识别特定来源的产品或服务与其他来源的产品或服务。商标所有人可以是个人、商业组织或任何法律实体。商标可以位于包装、标签、凭证或产品本身上。为了企业形象，商标也被展示在公司大楼上。

以上定义尽管表述不同，但含义基本相似，即：（1）商标是区别商品或服务不同来源的显著标志，具有可视性，其构成成分包括文字、图形、字母、数字、三维标志和颜色组合等，是某个企业、某产品或某服务区分于其他企业、产品或服务的重要标志。它具有独占性，受到法律的保护。商标往往在外包装右上角或右下角显示 R 或 TM，表示已经经过法定注册（ registered）和商标（trademark）。我们通常所讲的"牌子"或者"品牌"（brand），就是产品生产商印制在商品包装上用以区别其他产品的标志。品牌经过注册后即为商标，通常称为注册商标。Brand 并不等于 trademark。Brand 包括品牌名称（brand name），指可用语言表达的部分和品牌标志（brand mark），指可以识别的图案、颜色等非语言部分。Brand 和 trademark 是事物的两个方面：Brand 是商业术语，用以区分同类产品；Trademark 是法律术语，具有法律性，受法律保护。本书所讲述的商标的命名和翻译，一般是指经过注册的受法律保护用语言表达商标词的翻译。

第二节 中外商标的起源

　　商标的起源可追溯至古代，古代工匠在手工艺术品或实用产品上签字作标识表示"这是我"。这一行为经过时代传承之后，这些标记如今已演变成在世界各国通行的商标注册和法律保护制度。

一、西方商标的起源

　　在西方，商标的历史源远流长，起初用以表示"It's me"（这是我）。在西方基督教经典《圣经》第一卷书开篇之作《创世纪》中有这样的记录：该隐（Cain）种田，亚伯牧羊，上帝接受亚伯的贡品而不选该隐的贡品。这使得该隐暴怒而杀死亚伯。于是上帝惩罚该隐，将其从定居地赶走。该隐只得到处流离，在颠破流离中总是害怕被人杀害。上帝动了恻隐之心，因此在他身上留下记号以保护他，并说凡杀该隐的必遭受报复七倍之重。这是传说。现有证据表明，在古埃及、古希腊、古罗马等多地出土的陶器、动物的蹄角等物器上发现刻有各种标记，表明人类在那时已经使用标记表示"我"的东西。不过最初主要为了记账、征税，或者垄断经营，还并不是现代意义上的商标。

在英国国王爱德华三世（1327年—1376年）期间，英国法律规定：船舶如遭遇意外而货物被冲上海滩并且在无幸存者的情况下，这些失事的船舶以及货物应属于国王（国家）。一种情况除外，即如果可以从货物上的标志辨认出其所有权人，所有权人即可以提交证据到普通法法院请求返还这些财产。1353年，英国政府为了大力发展航海运输产业，和更好地维护商人的利益，遂以设立法规，规定商人的货物在运输途中如发生上述意外，可以通过货品上的标记直接要求返还财产，而不必通过诉讼返还。

有证明显示商标起源于爱德华四世期间（1442年—1483年）的一个法案。此法案强制性规定，布料生产商必须在其生产的衣服边角上加盖印章（seal）。这使得这种类型的标记如同一种"警察标记"（police marks），如果产品被假冒或者生产者自身的手艺不精造成缺陷则构成一种"警察罪行"（police offence），这些人将受到严厉的惩罚。

以金银饰品行业为例。在1300年，英国政府首次立法规定：只准金匠公会的会员从事金饰行业，所有金饰制品在销售前必须送到行业协会的地方分馆中进行检验和加注标记。通过检测的制品上加注两种标记：制造者的个人标记和国王的标记，即一颗带着皇冠的豹头。

商标的保护作用起源于著名的"JG诉山姆福特案"。原告是一名布商，其生产销售羊毛服装多年，他生产的衣服上都标有字母"J.G"及塔克"（Tucker）的手柄标记。由于物美价廉，许多顾客看一看衣服上有这些标记就习惯性地购买他的产品。近两年来，被告仿制原告衣服且质量低劣，同时也标注"J.G"字母和"塔克"标志。因此，原告对被告的行为向法院提起诉讼。这起诉讼被后世称为"商标保护来源于欺诈"的源头。

二、中国商标的起源

春秋战国时期的工匠，如木匠、漆匠、陶艺匠等，为了便于在商品交换中让别人准确辨识自己的商品，便在自己的商品上刻上自己的名字。《汉书·王遵传》记载有"箭张禁，酒赵放"，便是以制造者的名字来标示不同的箭矢和美酒。

东周时期，这些标识有指示相同产品的不同生产商及其稳定质量的作用，所以才有"干将""莫邪"等兵器被人们争相购买。此外还有河南汝阳的"杜康"；东汉时期的铁器上铸有隶书"川"字；南北朝后期的北周以陶器工匠"郭彦"署名的"土定"。这与现代"商标"的概念已逐步接近了。

北宋时期，山东济南的刘家功夫针铺使用了"白兔"标识，把白兔图案印在针包装纸上，并印上文字"认门前白兔儿为记"，人们认为它已基本具备现代商标的构成要素，是我国目前能发现的最早的商标。

此外，如"杏花村""稻香村""张记""李记"这样的传承了几百年的中华老字号，也可以看作是店铺商标雏形。当然，在中国古代，未曾正式出现过相关的商标制度。

一直到了近代，随着沿海商品经济发展以及西方列强的入侵，受西方工业文明的影响，企业为了产品出口和防止假冒，纷纷在商品包装上印上"商标"。当时英国、法国、德国、美国等国的纺织品、机械、染料以及日本的火柴和药品，占据了当时中国绝对的市场份额，并出现了一批知名商标，如英国的线团商标链条、洋布商标金玉缘，德国的染料商标阴丹士林，法国的帽子商标永兴，日本的药品商标仁丹，美国的美孚石油商标鹰牌等。这时期我国逐步出现商标注册保护的法律制度。

首先在 1873 年，香港就制定了有关商标保护的《1873 年第 16 号条例》即《商标条例》。1904 年清政府颁布了《商标注册试办章程》。清朝覆灭以后，在 1923 年，中华民国北京政府出台《商标法》，并在政府内设立商标局，受理商标注册事宜。而在 1930 年，中华民国南京政府出台《商标法》及其细则，在工商部门下设商标局，受理商标注册事宜。

第三节 商标的构成要素

根据 2019 年 11 月 1 日起施行的《中华人民共和国商标法》的修改条款，商标的构成要素做了详尽的解析。它指出商标是任何能够将自然人、法人或者其他组织的商品与他人的商品区别开的标志，包括文字、图形、字母、数字、三维标志、颜色组合和声音等，以及上述要素的组合。

作为构成商标的字母，是指拼音文字或注音符号的最小书写单位，包括拼音文字、外文字母如英文字母、拉丁字母等。中国原《商标法》把仅以字母构成的商标归在文字商标之列，而在新修订的《商标法》把字母作为商标的构成要素之一，这样规定更符合实际，也便于商标主管部门对商标注册申请依法审查核准。

按《商标法》，数字也作为商标的构成要素，既可以是阿拉伯数字也可以是中文大写数字。

三维标志，即构成商标的立体标志，是指具有长、宽、高三种度量的立体物标志。以三维标志构成的商标标志的称为立体商标，不同于我们常见的平面商标图案，而是以立体物质形态出现。其可出现在商品的外形上，亦可出现在商品的容器或其他地方。《商标法》内的对立体商标的注册和保护规定，这是中国的商标保护制度更加完善的体现。

新《商标法》规定颜色组合可单独作为商标要素。各种颜色组合，独特新颖，不仅可以给人带来美感，又具有显著性，能起到标示产品来源或服务来源的作用，也能起到区别不同生产者、经营者或者服务者的作用。

声音商标是指以音符编成的一组音乐或以某种特殊声音作为商品或服务的商标。

上述商标要素既可以单独作为商标注册，也可以将采用两个或两个以上要素、相同或不相同的任意组合，但必须符合新《商标法》中第八条和第九条的有关规定。

作为构成商标要素的文字、图形、字母、数字、声音、三维标志或组合的颜色，《商标法》提示，在申请注册商标时若未明确提出指定颜色要求，均以黑白颜色注册并法律保护。若明确提出指定颜色或颜色组合，则按所指定的颜色或颜色组合实行注册，并按指定颜色或颜色组合予以法律保护。

下面我们将详细阐述由文字、图形、字母、数字、声音、三维标标志或颜色组合，以及包含上述要素组合的各类典型商标，以便更好地理解构成商标的这七大要素及其组合。

一、文字商标

"文字商标"指的是由各国各种语言文字组成的商标。例如中文"步步高"（点读机）、"Ford"（福特汽车）、"HUAWEI"（华为）等。这些商标通常读音优美，寓意深远，易于记忆。不难发现现在绝大多数的商标都是由文字组成或者包含了文字，随着商标注册申请的增多，文字商标正日益成为时尚。

二、图形商标

"图形商标"（Figurative Mark）是指由各种图形构成的商标，包括几何图形或其他事物图案，是使用在商品或服务上的标志。图形商标的使用便于识别不受语言文字的制约，不论在哪里，消费者只需看图即可识品牌。如"李宁"商标是以一个长尾巴的"L"表示。

有些产品则采取图形和文字结合的方式，如"adidas"（阿迪达斯）商标就采取了文字与图形结合的方式

图形商标的常见表现形式包括两种，一是写实，通过如实描绘并作简

化处理实景或实物得到的图形样式作为商标；二是象征，商标采用一种高度概括、有象征意义的、类似几何图形和色块组织的图案；三是夸张，即通过想象和夸张某一特征或部位的办法行成商标图案。

三、字母商标

"字母商标"是指用拼音文字或注音符号的最小书写单位所构成的商标。它包括拼音文字、外文字母，如英文字母、拉丁字母等，可由缩写、字头或者无含义的字母组合或单个字母组成。如"TCL"（电器）、"P&G"（宝洁）等。由于字母数量有限，字母的注册一直受到严格的限制。商标法规定，两个以下的字母组成的商标通常不被认为具备固有显著性，或者必须结合特殊的字体或颜色，或提供已获得显著性认可的证据，否则不能得到法律保护。

不同语言的文字或数字之间可以互为组合，文字的组合可以使用有含义的词语，也可是生造的无任何含义的词语。

四、数字商标

"数字商标"是指用阿拉伯数字、罗马数字或者是中英文大写数字所构成的商标。其缺陷是容易与商品或服务的型号混淆，所以长期以来数字商标的注册受到严格限制，但也由于个别数字经长期使用，获得了较高的显著性和知名度，最后被接受注册，如著名的 4711 香水。这种商标虽然不一定表示什么意思，但其特点是不落俗套，别具一格，也逐渐被一些人所认识，同样可以收到较好的效果。如"555"（香烟）、"999"（胃药）等。

五、三维商标

"三维商标"又叫立体商标，是指由三维标志或者含有其他标志的三维标志构成的商标。三维商标可以是商品本身的形状、商品的包装物或者其他三维标志。一般来说，申请注册立体商标的，申请人应当在申请书中予以声明。未声明的，视为平面商标。如"Zippo"（打火机）。

在实际生活中，商品本身的容器形状，如饮料瓶、酒瓶、香水瓶，以及产品特有的包装物，也可以作为立体商标使用。

根据 2005 年 12 月 31 日国家发布的《商标审查及审理标准》）它可以分为以下几种：

（1）单纯的立体形状：

A. 商品自身的立体形状；

B. 商品容器的立体形状；

C. 商品广告物的立体形状；

（2）立体形状上附带文字商标或图形商标：

A. 商品自身的立体形状上附带文字商标或图形商标；

B. 商品的包装或容器的立体形状上附带文字商标或者图形商标；

C. 商品广告物的立体形状上附带文字或者图形商标。

其表现形式有四种：

（1）与商品无关的装饰性外形，这类立体商标的特点是商标与商品或服务之间没有任何联系，仅仅是一个立体标志。

（2）带有文字和图形成分的商品或商品包装物形状，如带有凹形文字和图形的香皂，这些凹形的文字和图形与香皂的外型一起构成一个立体商标，这种有凸起文字的瓶形也可以成为一种立体商标，这类立体商标的特点是由两部分组成，一部分是商品外形包装物的外形，一部分是凸起或凹进的文字这两部分共同组成立体商标。

（3）商品包装物的外形，很特殊的包装物外型，可以成为另一种立体商标。这类商标的特点是仅由商品包装物的立体外形形成的商标。

（4）商品本身外型，这种立体商标我还想不出我们身边有什么商品能够外型成为立体商标，在国外注册这类商标的有在打火机上注册特殊形状 打火机的外型、在手电筒上注册特殊形状手电筒的外型，这些都不太好理解，就说我们常见的饼干，在欧盟有一家食品生产商就生产一种三角形、网状的饼干，这种饼干的形状就被欧盟内部市场协调局（相当于知识产权局）核准注册。这类商标的特点是仅由商品本身的立体外形形成的商标。

六、颜色组合商标

"颜色组合商标"，显而易见，是指由两种或两种以上颜色构成的商标。更具体地说，颜色组合商标是由两种或两种以上颜色，以一定的比例、按照一定的排列顺序组合而成的商标。构成颜色组合商标的基本要素是颜色，而且是两种或两种以上的颜色。它通常具有以下特点：（1）该商标必须有两种或者两种以上的颜色组成。（2）两种颜色必须按照一定的顺序排列。（3）颜色组合商标不限定具体的形状，它的形状一般是随着商品本身形状的不同而不同。比如说"金霸王"电池的古铜色与黑色的颜色组合商标，它由两种颜色组成，按照阳极古铜色、阴极黑色的顺序排列，这一颜色组布满整个电池，它的形状是由电池形状决定的。

七、声音商标

"声音商标"是非传统商标的一种，与其他可以作为商标的要素（文字、数字、图形、颜色、气味等）一样要求具备能够将一个企业的产品或服务与其他企业的产品或服务区别开来的基本功能，即必须具有显著特征，便于消费者识别。微软和英特尔的声音已经各自公司作为商标在美国商标局注册。

在我国的商标法实践中小霸王游戏机采用的著名播音员李扬所说的"哈哈小霸王其乐无穷"的声音作为商标开创了中国声音商标的先河。除此之外，常见的声音商标还有米高梅公司的"狮子吼"，公司将其狮子吼声音注册为与其影片服务以及相关商业领域相关的商标。腾讯公司把"QQ提示音"也注册为声音商标。

大多数商标属于由文字、图形、字母、数字、三维标志和颜色组合形成的商标。这些组合商标具有图文并茂、形象生动、引人注意、容易识别、便于呼叫等优点，显著特征最强，易于辨认。组合商标结合了上述各类商标的优势，标识功能突出，符合音、意、形等多角度审美，消费者很容易将此商标产品或服务与其他同类产品或服务辨识开来。目前商标多采用组合商标形式加以注册并使用。如下所示，该商标就是组合商标。

值得一提的是，本书研究的侧重点是商标品牌名的翻译，因此，以上

商标六大要素构成的七类商标中，我们重点研究的是文字商标和字母商标，以及组合商标中的文字语言符号。

第四节　商标的基本特征

商标具有多种特性，包括识别性、传达性、审美性、适应性、时代性。同时，在商业活动中，商标起着举足轻重的作用，因为商标是品牌之神。因此，商标作为商品中不可或缺的内容，还具有诱导性和竞争性，以及无形资产价值。总之，商标最基本特征总结起来有如下四种：显著性、诱导性、审美性和价值性。

一、显著性

商标的显著性主要展现于独占性和可识别性上，便于为广大消费者所识别。商标经注册后，其所有人对此商标拥有专用权、独占权，他人不得擅自使用，除非经注册商标所有人明确许可。

商标的显著性主要体现在商标图案设计新颖，颜色鲜明，文字悦耳怡人。商标的文字和图形都应靓丽和独特，位置醒目，易引起消费者的注意。例如：Nestle（雀巢）作为商标名称有强显著性。Nestle 英文中作为动词，有"依偎"；"舒适地坐（或卧）"（to sit or lie down in a warm or soft place. 如 He hugged her and she nestled against his chest.）他拥抱着她，她则依偎在他的怀里。它正好与英文 nest（巢；窝；鸟巢）为同一词根，为人们所熟悉，印象深刻。Nestle 商标的使用大大提升了公司的形象，使人们产生种种联想，一喝起 Nestle 咖啡，潜意识中就泛起与家人或爱人或友人温暖依偎的情景，对 Nestle 品牌越有亲近感，无形中提高了品牌的忠诚度。

二、诱导性

驱使消费者购买某一商品是其消费心理，而商标恰恰是链接商品与消费者的桥梁。生产者在给自己商品命名要抓住消费者的消费心理，想方设法设计一个能得到广大消费者接受、认同并喜爱的商标品牌，得以激发其购买欲，使商品大卖。商标的功能决定了其诱导性。商家在设计商标时，都会附加一定的意图作为基础。商标的诱导性主要通过新颖独特的图案和蕴涵丰富的语言来实现，比如文字、字母或其组合等。人的消费行为是以一定的心理活动为基础的。购买行为涉及层层推进四个过程，分别是：Attention（注意）；lnterest（兴趣）；Desire（欲望）；Action（行动）即为 AIDA 法则。浏览国际上成功的商标名可知，无论是商标的命名，还是商标的翻译，商标的诱导性都起着根本性作用。如，Nike 是希腊神话中胜利女神，她司掌胜利、好运、成功等，某种意义上，她也是一种命运女神。在西方艺术中常以身有双翼，携带橄榄枝、月桂枝等，手持竖琴吟唱颂诗的年轻女子形象出现。Nike 公司将之作为运动品牌的商标名和品牌名，穿上这样的运动鞋，自然让人感到让人感到就像女神一样在空中腾飞，有着一种强烈的运动感和一份喜悦之情。香水商标 Ambush，其英文有"看不见但闻得出"的意思，用以暗指这种香水芳香四溢。但如果按其发音译作"安布施"便使人不明就里，不知所云而难以吸引目标人群。但译成"香博士"则效果大不相同。

三、审美性

商标的设计与确定还应按一定的审美要求来设计商标图案和选择商标语言符号。商标设计必须力求做到新颖、简洁、怡人，具有鲜明的视觉效果和强烈的感染力，给消费者留下美好愉悦的心理感受。一般说来，消费者对商标的审美感受首先来自听觉和视觉，其次是被激发的形象思维和联想思维。精心设计的商标将商品的特性、性能、用途或构成等融汇于其图案和语言文字中，让消费者通过意象在大脑中产生形象思维和联想，从而吸引消费者对该商品的功能特征产生兴趣和好奇心。如一些英文女性用品商标借助英文字母"S"或"SS"为后缀形成视觉美，让人产生形象联想。如 Modess（妇女卫生用品），Syoss（美发用品）等。究其原因，是其利用了英文字母 S 很像女性优美曲线的意象。汉字的象形具有表意功能，历经五千年灿烂历史，源远流长。很多中文商标，特别是一些中华老字号，华夏文化底蕴深厚，寓意悠长。比如"稻香村"糕点，源于乾隆皇帝下江南于苏州品食稻香村糕点后，赞叹为"食中隽品，美味不可多得"，并当即御题"稻香村"匾额而名扬天下。其商标取名稻谷香味，明示出企业经营的商品特性，让食着闻名生涎，激起强烈的购买欲。

四、商标具有价值

商标代表商标持有人的所特有生产或经营的质量信誉和企业形象。商标经历其创意、设计、命名、注册及宣传，其本身具有了一定的价值，并提升了商品的附加值。确定商标的价值通常需通过评估完成；可以有偿转让商标；经商标所有权人许可，他人可以使用同一商标。对企业和商标所有人来说，商标（品牌）的价值是非常重要的。由世界品牌实验室评选的2021 年度《中国 500 最具价值品牌》的总价值为 278953.2 亿元，比去年增加 32032.62 亿元，增加幅度为 12.97%。占据榜单前五名的还有中国工商银行（4962.76 亿元）、海尔（4575.29 亿元）、中国石油（4425.79 亿元）、中国人寿（4366.72 亿元），这些品牌已经迈进世界级品牌阵营。本年度共有 57 个中国品牌的价值超过 1000 亿，这极大地彰显了商标（品牌）的价值。

第五节　商标的分类

商标种类繁多，商标的分类标准也各有不同。根据使用的对象，可分为商品商标和服务商标；根据使用动机，分为联合商标、防御商标和证明商标；根据载体的不同，可分为文字、图形、字母、数字、造型、色彩，甚至还有声音、气味以及不同载体的组合形式；根据注册情况，分为注册商标和未注册商标；根据商标价值，可分为著/驰名商标和普通商标；根据区域特点，可分为民族商标和国外商标、本国商标和国际商标；根据所属国家和地区不同，可分为中国商标、美国商标、日本商标、欧洲商标、南美商标等。本小节将主要从法学和商标信息传递角度介绍商标的两种分类标准：法学分类标准和信息传递分类标准。

一、法学分类标准

法律在商业活动中具有特殊的地位，其强制性和不可违背性，保证了其权威地位。了解法律对商标的规定是十分必要的。本文主要介绍《中华人民共和国商标法》（2019 修正）对商标的分类。

《中华人民共和国商标法》（2019 修正）第三条"经商标局核准注

册的商标为注册商标，包括商品商标、服务商标和集体商标、证明商标；商标注册人享有商标专用权，受法律保护。"

由此可见，《中华人民共和国商标法》将注册商标分为商品商标、服务商标和集体商标、证明商标。

商品商标，是指商品生产者在自己生产或经营的商品上使用的，用来区分不同生产者和经营者的商标。如个人电脑领域中的"联想"（Lenovo）与"戴尔"(DELL)，数码产品领域的"华为"（HUAWEI）、"小米"（MI）与"苹果"(Apple)等。

而"服务商标"是指用于服务项目，用来区别服务提供商的商标，如淘宝（Taobao）与京东商城（JD.COM），中国中央电视台（CCTV）与美国有线电视新闻网（CNN）等。

　　"集体商标"是指以团体、协会或者其他组织名义注册，供该组织成员在商事活动中使用，以表明使用者在该组织中的成员资格的标志。如中国翻译协会（Translators Association of China，TAC)使用的"TAC"的标志。

　　"证明商标"是是指由对某种商品或者服务具有监督能力的组织所控制，而由该组织以外的单位或者个人使用于其商品或者服务，用以证明该商品或者服务的原产地、原料、制造方法、质量或者其他特定品质的标志。如"有机食品"(Organic Food)"绿色食品"(Green food)的认证标志等。

二、信息传递分类标准

对消费者而言,最为重要的问题是消费者可以从商标中得到什么意象,所得到的信息最为关键。本小节将从商标信息传递的角度为商标分类。

袁真福和苏和泰（ 2007）按照商标信息显著性强弱将商标分为：描述性商标、示意性商标、任意性商标以及臆造性商标。

"描述性商标"（ Descriptive Marks）指的是描述某一商品特点的标志，包括名称、质量、品质、属性、来源等。也就是说，消费者可以通过商标获得商品关于质量、性能、价格、用途、效果、产地、用法等众多信息。例如："健力宝"（饮料），消费者可根据商标图案直接得到其为运动饮料的信息。

"示意性商标"（ Suggestive Marks）也称为暗示性商标，指的是商标所选用的文字、图形等标识，以使消费者看到后联想起该产品或所提供服务的某种特征。即生产者试图通过商标激发消费者对产品的某种联想和心理共鸣，刺激其消费欲望。例如，"旺旺"（食品）迎合了中华人喜好口彩的心理，联想到"财旺，人旺，福气旺"，引发了其购买欲望，迅速占据节日期间国内礼品市场的大宗份额。

"任意性商标"是指任意选定的或幻想出来的商标（Arbitrary or Fanciful Marks）。该类商标所使用的文字、图案等标识，与产品的类别或提供的服务"风马牛不相及"，既未描述商品和服务本身，也与商标的原始意义相去甚远。（陈明汝，2003）从商标上，消费者无法得到产品相关的信息，商标难以激发消费者与产品相关的联想。如："三枪"（内衣），消费者是很难只根据商标得到与内衣相关这一信息的。

"臆造性商标"（Coined Marks）是刻意设计、独创或臆造的文字或图形等标志。注意，臆造性商标并不是凭空想象而得来的，而经过对社会学、心理学、语言学、统计学等多个方面进行研究后再结合商品或服务的特征，将想象空间无限延展，使商标与商品或服务之间达成完美的结合。例如，典型代表有"柯达 Kodak"胶卷，"海尔 Haier"电器等。臆造词商标在产品进入市场之初通常会遇到很大的困难，但一旦消费者认知和接受这一商标，则可以获得强大的识别效果和保护力度。

第六节 商标的使用与禁忌

商标的价值在于使用，无法使用的商标不具备任何价值。在商标的右上角一般会出现R/TM标志。其实，R是register（注册）的首字母，表示该商标已被注册并其所有者享有其专有权，并受法律保护；TM是trade mark（商标）的缩写，表示该文字、数字、符号或图形等已被作为商标使用。拥有R/TM的标志才表明该商标得到注册及法律的许可，可以作为商标使用，且得到法律的保护。

企业和生产者在设计和使用商标时，希望该商标能够起到为其产品和服务锦上添花。但如果因不了解而违犯使用商标的禁忌，则很可能结果适得其反。就商标使用而言，主要存在禁忌：法律和文化禁忌。本章重点介绍其法律禁忌，文化禁忌留待后面章节详述。

商品的生产者和服务提供商为区分其商品及服务不同于其他同类商品及服务而做的标记，这样产生了最初商标。在相当长的一段时间内，商标的使用是主要依靠约定俗成的。但是，商标的发展达到一定阶段，就要求对之加以管理和规范。这样，在国家层面的《商标法》应运而生。全世界大部分国家都有《商标法》，虽然《商标法》中关于商标禁忌的法律条文的确各有不同，但有一条禁忌是统一的，即"不得使用他人已注册的商标"这一条也是《商标法》存在的根本基础。

在法律上，商标的专有权是《商标法》存在的基础，商标为企业或个人所拥有，并具有一定价值，可以像商品一样交换和使用，并为拥有者创造财富。商标可视为其拥有者财产的一部分，如同其他财产权利一样，受法律保护，不允许他人侵害。而这就是商标使用的最基本的禁忌——"不得使用他人已注册的商标"。这一条在各国《商标法》中都有明确的规定。

在此基础上，各国根据本国情况，分别制定了关于商标使用禁忌的法律条文。如我国在《中华人民共和国商标法（2019修正）》中就明确规定了商标使用的禁忌：

第十条　下列标志不得作为商标使用：

（一）同中华人民共和国的国家名称、国旗、国徽、国歌、军旗、军徽、军歌、勋章等相同或者近似的，以及同中央国家机关的名称、标志、所在地特定地点的名称或者标志性建筑物的名称、图形相同的；

（二）同外国的国家名称、国旗、国徽、军旗等相同或者近似的，但经该国政府同意的除外；

（三）同政府间国际组织的名称、旗帜、徽记等相同或者近似的，但经该组织同意或者不易误导公众的除外；

（四）与表明实施控制、予以保证的官方标志、检验印记相同或者近似的，但经授权的除外；

（五）同"红十字""红新月"的名称、标志相同或者近似的；

（六）带有民族歧视性的；

（七）带有欺骗性，容易使公众对商品的质量等特点或者产地产生误认的；

（八）有害于社会主义道德风尚或者有其他不良影响的。

县级以上行政区划的地名或者公众知晓的外国地名，不得作为商标。但是，地名具有其他含义或者作为集体商标、证明商标组成部分的除外；已经注册的使用地名的商标继续有效。

第十一条　下列标志不得作为商标注册：

（一）仅有本商品的通用名称、图形、型号的；

（二）仅直接表示商品的质量、主要原料、功能、用途、重量、数量及其他特点的；

（三）其他缺乏显著特征的。

前款所列标志经过使用取得显著特征，并便于识别的，可以作为商标注册。

第十二条　以三维标志申请注册商标的，仅由商品自身的性质产生的形状、为获得技术效果而需有的商品形状或者使商品具有实质性价值的形状，不得注册。

第十三条　为相关公众所熟知的商标，持有人认为其权利受到侵害时，可以依照本法规定请求驰名商标保护。

就相同或者类似商品申请注册的商标是复制、摹仿或者翻译他人未在中国注册的驰名商标，容易导致混淆的，不予注册并禁止使用。

就不相同或者不相类似商品申请注册的商标是复制、摹仿或者翻译他人已经在中国注册的驰名商标，误导公众，致使该驰名商标注册人的利益可能受到损害的，不予注册并禁止使用。

商标使用禁忌法律条文确保商标的保护有章可循，促进了社会和经济的和谐健康发展。在社会层面，它有力打击了假冒伪劣产品和商业欺诈，维护了消费者的合法利益，推进了社会的公平正义。在经济层面，它保护了商标所有者的财产所有权，也有力促进生产企业提高产品和服务质量，规范了同类商品生产者和经营者之间存在的竞争，是经济繁荣的有力法律保障。

第七节 小结

商标的定义表明商标的基本功能就是区别同类的产品或服务，引导消费者做出购买选择。伴随着商品的发展，中外商标的起源源远流长。商品商标中的文字、图形、字母、数字、三维标志、颜色组合和声音等是商标的要素，以及上述要素的组合，均可构成商标。商标最基本特征有显著性、诱导性、审美性和价值性。《商标法》将注册商标分为商品商标、服务商标、集体商标、证明商标。商标的设计与使用应适应各个国家和地区相关法律规定，避免出现在商标使用过称中违反相关的法律禁忌。

第二章　中外商标中的文化

文化在英语中对应的单词是"culture"，它的其原意为"耕种栽培"是现为文化、文明（指特定国家或群体的风俗、信仰、艺术、生活方式及社会组织，the customs and beliefs, art, way of life and social organization of a particular country or group，或某一特定群体或组织的一致看法和态度，the beliefs and attitudes about sth that people in a particular group or organization share）。（引自《新牛津英汉双解大词典（第二版）》，2013）现引申为人的性情的陶冶和品德的培养，包含物质和精神两个方面。事实上，文化的定义多达一百种，本文主要借鉴了商务印书馆2022年出版的《现代汉语词典》（第七版）关于"文化"的定义："文化是人类在社会历史发展过程中所创造的精神财富。"

由于历史原因，不同的民族往往具有不同的社会和文化传统。品牌作为文化的载体，必然会受到反映现代社会文化的社会文化因素的影响。与酒精饮料和服装文化一样，中国品牌文化也是中国多元文化体系的组成部分。它反映了中华民族特有的文化，是中华民族品牌的社会价值观、审美情趣、道德观、社会心理和行为准则的中心体现。

品牌作为一种特殊的社会文化现象，是一个国家或社会多元文化体系的组成部分，受到政治、经济、文化、人等诸多社会因素的影响。因此，品牌可以在一定程度上反映一个国家的历史、社会习俗、政治、经济等文化特征，形成具有社会特征的品牌文化。另一方面，品牌可以利用文化的力量，尤其是那些在社会群体中具有广泛影响力和深远历史的文化力量，来推广产品和影响消费者。在这些熟悉文化的帮助下，当消费者接触这些品牌时，他们的文化身份将对消费者产生心理和情感影响，使他们更容易接受这些品牌及其所代表的产品和服务。

每个成功的品牌都是精心设计的结果，包含丰富的文化和商品信息。只有设计精巧、意义深刻的品牌才能帮助企业赢得市场，成为企业参与市场竞争的标志。在这一章中，我们将分析中外商标所蕴含的文化要素。

第一节 中外商标内在的文化要素

著名语言学家奈达（Nida）将文化归为五类，包括生态学（ecology）、物质文化（material culture）、社会文化（social culture）、宗教文化（religious culture）和语言文化（linguistic culture）五个方面（Nida Eugene，1993）。本文借用其分类标准，探寻中外商标中的内在文化。

一、生态

每个民族生活在不同的地区，其生态条件也不同。它不可避免地影响着每个国家的文化，其在地理上更加突出。以英国和中国的气候为例，中国文化中的"西风"常常让人想起恼人的"冷风"，这是冬天的象征。这是因为西伯利亚在中国西北部，来自西伯利亚的干冷气流预示着冬天的到来。而在英国大诗人雪莱的《西风颂》中西风是"春风"，因为英国位于大西洋的西部，而东部是欧洲大陆。从大西洋吹来的温暖西风将提醒人们春天即将来临。正如你所看到的，英语文化中的"西风"和汉语中的"东风"一样，是一种温暖而活泼的风，具有积极的文化意义。因此，中国将"东风"作为卡车商标，而英国将"Zephyre"（西风）作为汽车品牌。

同样，由于地理位置的不同，夏天在中国人眼中是炎热的，而英国的夏天是温和的，在英国被称为"小阳春"。在英国人眼中，"Summer"的联想意象与美感密切相关。因此，由"summer"组成的英国品牌在许多国家尤其受欢迎，例如"Ann Summers"（英国有知名的内衣品牌）。地理位置和气候条件的差异直接反映在每个国家的文化中。

Ann Summers

就商标而言，地域文化是最为典型的生态文化。许多商标直接或间接地指明其产品的产地信息。这些商标与企业所在地存在直接联系，特有地理名称成为其产品或服务的独特标志。常见的有一些大山、大河等。

如中国五岳之首"泰山"，被列入世界级文化遗产和自然遗产名录，气势雄伟磅礴，有"天下第一山"的美誉。古代帝王更把泰山看成国家统一、无上权力的象征，定期到泰山祭祀，期盼国泰民安、江山永固。以泰山为名的商标有始创于1928年"泰山"牌香烟，是由山东中烟公司生产。泰山香烟，借鉴泰山独特的自然和文化底蕴，把泰山风光和儒家文化树为理念，推出许多优秀产品。

中华民族的母亲河"黄河"，中华民族文化摇篮，在《汉书》中其被尊为百川之首。"黄河"是中华民族文化和源泉的象征。　以"黄河"为名的商标有"黄河啤酒"。

地理名词与信息是地域文化商标代表着商品或服务的某种特殊信息和

寓意，甚至是商标中最为重要的一个部分。如被誉为"中国第一茶"龙井茶，只产于西湖龙井茶区（六大产地：狮峰山、龙井村、灵隐、五云山、虎跑、梅家坞）的绿茶才被许可冠以"西湖龙井"商标。此类商标还有来自鄂尔多斯大草原的"鄂尔多斯"羊绒衫和来自伊利大草原的"伊利"牛奶，产地信息在商标中占有突出位置，消费者见到这两个商标，脑海中马上浮现出"天苍苍，野茫茫，风吹草低见牛羊"的美丽草原意象。自然而然，对这些产品的质量自然产生一种信任感。

因为外国法律对此类信息严格限制，外国商标中带有场地信息的较为少见，美国的艾达华土豆品牌是一特例。

任何一种文化都会受到长久期生存的外在生态环境的影响，这商标文化也是如此。如何把生态文化用于商标中宣传和推广商品和服务每个值得思考的问题。

二、物质

不同的语言符号可指向同一件物品，这些通用信息是进行文化交流的基础。但不同的社会、自然环境和发展历史使得不同社会文化中出现的事物也不尽相同。同时，不同社会文化的人们可能对同一种事物产生的情感联想是不同的；而不同的事物或有可能引起情感联想相近或相同。本书将这些现象归于物质文化。

如猫科动物"豹"奔跑速度极高，誉为有动物界"速度之王"，许多汽车选择其作为商标，如著名的"捷豹汽车"。猫是很爱干净的动物，"白猫"洗衣粉，则暗示此品牌洗衣粉洗出的衣物如白猫一样洁净雪白。类似的例子还有：

"宝马"（轿车）　　　"蓝鸟"（轿车）

"蒙牛"（奶制品）　　"七匹狼"（男士服饰）

"飞鸽"（自行车）　　"红牛"（运动饮料）

在英语中，许多用作品牌名称的单词由字面意义和隐含意义组成，通常传达一定的文化。在我们的日常生活中，有一些品牌在中英文中的指定意义和联想意义不同，尤其是那些带有动物、植物等物体的名称。

例如，意大利皮革制品的英文品牌"Fortune Duck"，在西方市场很畅销。然而，它被翻译为"科春得"代替而不是"幸运鸭"或"富贵鸭"。这是因为当引入中国时，"鸭"会让人想起令人不快的事情。在中国文化中鸭有一个隐含的含义：一个被雇佣为陪护女性舞伴并从女性那里获得经济支持的男人。考虑到"duck"的不同认知，"科春得"比"幸运鸭"或"富贵鸭"更为得体。

在我们的市场上，还有其他类似的例子。"Sprite"在英文中的意思是精灵或妖精。作为一种软饮料的商标，它可能会引起英语国家的人们的注意，听起来很不愉快，而中文听起来很有趣、很神奇，很想尝试一下。其中文商标"雪碧"听起来很接近英语的发音，也让中国消费者将这种饮料与一些美味凉爽的味道联系在一起。"雪碧"商标翻译事实证明，这个品牌在中国之所以非常受欢迎离不开它的中文翻译。

"narcissus（水仙）"在亚洲，它通常被视为纯洁和美丽的象征。然而，在西方，它总是与"自恋""自爱"有关，因此，这是指一个自恋的年轻人。

"白象"（电池）译成"White Elephant"这一知名品牌在英语中就成了无用而又累赘的东西。White Elephant 在英语中表示"耗费钱财而又无实际用途的东西"。当然，如果该产品推向东南亚市场，这样的译文是为东南亚消费者接受的，因为在东南亚国家，大象深受人们喜爱，其中白象更是被人们当作神灵敬重。

我国"金鸡牌"闹钟在国外有较高声誉。但美中不足的是"金鸡"译为"Golden Cock"，让西方受众觉得得粗俗不堪，甚至有点淫秽。因为cock 字面意思为"雄鸡"，其俚语涵义为"污言秽语"，常喻指男性的生殖器。这样的英文译名是不雅的，无法让西方英语国家消费者像中国消费者一样对这一品牌有着相同心理感受。号称中国电影界专业性评选的最高奖——中国电影金鸡奖，也曾被译为"China golden cock award"，把玩笑开到了国外。

"孔雀"牌彩色电视机。其英文商标为Peacock TV。 在中国孔雀是美丽和鲜艳的象征，但在英语国家则是不祥之鸟。如变通地译为Kingbird，较为恰当。

事实上，其中许多品牌商标都曾被简单直译成英文，还有，"蝙蝠"

（中国电风扇品牌名称）译成"Bat""蝴蝶"（电饭锅）译成"Butterfly"等。因此，这些都是不成功的翻译案例。我们可以从中吸取一些教训，在商标翻译过程中，既要注意字面意义，又要注意隐含中西方同一事物其内在文化含义的不同。

物质并非一种文化，但随着历史发展，人们赋予了物质某种文化信息和意义，商标所看重的正是物质所携带的文化信息。

三、社会

任何一个社会其社会文化有独特的地方，并随社会的发展而不断演变。社会文化包括哲学、艺术、政治在内的诸多方面，它反映了一定社会政治和经济。本文仅选择中外商标文化中最为典型"颜色文化"进行分析，探讨社会文化对商标的作用。

大千世界，五彩斑斓，人们对色彩尤为喜欢。颜色的基本色有三种，即红、黄、蓝。地理位置、历史文化背景和风俗习惯不同导致不同文化习俗的人对颜色的认识和感觉有可能不同，甚至截然相反。在商标设计时，必须考虑各个民族独有的颜色文化。例如，墨西哥人认为"紫色"不吉利，是棺材色。因此要避免向墨西哥人送紫色物品或以紫色包装的礼物。

华夏民族的色彩文化渗透于政治、经济、文化与艺术等众多领域，其影响深远重大。如，喜庆要用红色来渲染：大红灯笼高高挂起，大红花轿、红绣球、红地毯、红包、红蜡烛等红色物品一应俱全。而丧事则需用白色来衬托：披麻戴孝一身素装，忌讳穿红戴绿。白色还象征失败，战争中失败一方举起白旗，则表示投降。

在中国黄色是金的颜色，有财富之义。中国宋朝以后，明黄色是皇帝专用颜色，有"黄袍加身"之说。

在中国，商商标中多用"金"字代替"黄"字。很多中国驰名商标中文商标品牌名使用"红"或"金"字。如：

"红桃K"（保健品）、"红旗"（轿车）、"东方红"（柴油机、拖拉机等）、"红星"（宣纸、白酒等两大类）、"红蜻蜓"（服装）、"红领"（服装）、"金山"（软件）、"金正"（电器）等。

在西方不同民族、性别和宗教的人对颜色有不同的感受。例如，在英语国家，蓝色包含忧郁的含义。鉴于此在这些国家，蓝天牙膏不能按字面上直接翻译成"Blue Sky"。

另一个实例，"红星"是一种中国电器商标。不能直译成"Red Star"，因为红色常指西方的流血和暴力，与中国人的幸福和繁荣的含义不同。理想的翻译可以是"Shining Star"（闪亮的星）或"Bright Star""明亮的星"。这不仅是因为英语中有类似的表达，而且在西方人的意识中，它们都传达着幸运和光明的含义。同样，在中国，一件非常有名的衬衫的商标名"红豆"被翻译成"Love seed"（爱情种子），而不是"Red Bean"（红色豆子）。

四、宗教

宗教是文化的一个重要元素，是许多态度和信仰的根源，这些态度和信仰有意识或无意识地影响着人类的行为。受神学影响，西方国家人们宗教意识较为浓厚，宗教文化渗入社会的方方面面，商标也不例外。

太阳是救世主耶稣基督的象征，在普通民众心中地位崇高。所以许多商标纷纷以"Sun"为名，如"Sunergy""Sunrider""Sunnett"等。

产品出口到不同国家时必须考虑当地宗教文化因素对商标的认同感。如，中国的一家保健品公司生产一种新型软饮料"圣母"，企业家意图表达软饮料像母亲的母乳一样甜，唤起人们对母爱的联想。这种饮料在中国消费者中很受欢迎。随后，该公司以英文品牌"Madonna"出口进入国外市场，引起轩然大波。在天主教文化中，"Madonna"是对上帝之母的一种尊敬的称呼。因此，在天主教国家，以"Madonna"为品牌的产品将被视为亵渎。在这些国家，产品不能以这种品牌销售。而用 Madonna 这作为商标甚至可能对公司的声誉带来负面影响。

这还有另一个例子。"熊猫"不仅被视为中国的国宝，在海外也很受欢迎。因此，当我们把我们的产品"熊猫"电视进入欧美市场，我们可以直接用"Panda"作为品牌名称，产品很畅销。但在穆斯林国家，没有消费者对该产品感兴趣。因为在穆斯林国家，猪的图片和文字是被禁止的。他们认为熊猫的形状看起来像猪。在这些国家人们自然将命名为"Panda"的产品被视为亵渎神明的行为。

从以上两个例子中，我们可以看出，不同社会文化有着不同的宗教信仰。对于品牌翻译来说，正确理解和尊重宗教差异是必要的。

五、语言

商标创意要准确、鲜明地表现商标主题。商标是人类创造的一种具有特定的标志意义语言符号，可引发丰富、深刻的联想。在商标文化中，商标创意中语言标志意义和联想意义是语言文化在商标中的主要体现。

语言是文化的一部分，也是文化的载体，二者相辅相成、密不可分。语言是表达的工具，是文化传播的重要方式。中英两种语言不仅在表达方式和语言文化上存在差异，而且在中文商标名和英文商标名之间也存在差异。中文商标名和英文商标名的语言特征证明了语言所造成的文化差异的存在。

一般而言，中文品牌名称具有以下语言特征：

第一，许多中国品牌名称都是通过使用谐音的方式来获得良好的联想意义。

发音是语言的外壳。汉语从形式上可以分为两部分：拼音和汉字。因为汉字比对应的发音丰富，通常一个发音就会有很多汉字。当然，一些常见的字符或名称之所以有一定的意义，是因为它们的谐音在汉语中是有意义的，符合人们喜欢"讨口彩"的心理。中国的品牌商标很好地利用相同的发音来赋予品牌名称愉悦感，从而获得良好的审美效果，使品牌易于记忆。例如，"蝙蝠"在中文中用作商标名，因为第二个字符的发音与""福"发音完全相同。"福"意思是运气和财富。人们心理上乐于接受这种好彩头。像这样的商标数不胜数，如：

商标名	领域或功效
福	碱
鹤福康	药茶
知福	茶
鹤福康	药茶
天福号	酱牛肉
好福气	足浴器
妙吉祥	制香机
众喜	油
兴财	饭盒
贵荣	枸杞
金汇福	油
好运多	酱
喜财	豆浆机
吉祥	铝塑板
福赐德	蜂蜜
天下福	白酒
至善堂	精油
多多福	啤酒
承福堂	餐具
福事多	燕麦
财溢人生	白酒
珍祥福	排水管
吉祥鱼	金属门
福相随	吸尘器
福益德	胡麻油

第二，一般来说，中文品牌名称由不超过四个汉字组成。大多数品牌只有两到三个字。例如：

联想（电脑）

格力（电器）

统一（食品饮料）

汇源（果汁）

伊利（牛奶）

红牛（饮料）

鲁花（花生油）

六神 （花露水）

喜之郎 （果冻）

金六福 （白酒）

娃哈哈（饮用水）

乐百氏 （饮用水）

康师傅 （食品饮料）

达利园（食品）

农夫山泉 （矿泉水）

第三，品牌名称经常采用首选字符。

一些与幸福、幸运、健康、美丽或光明有关的特定词语常被用作品牌名称。

这些字符包括"华""福""龙""达""新""美""乐"等（于民成，1999）。例如"中华" （牙膏）、"中华"（香烟）、"福临门"（食用油）、"福满多"（方便面）、"万事达"（电器）、"达利园"（食品）、"金龙鱼"（食用油）、"金龙"（汽车）、"美的"（电器）、"新飞"（冰箱）、"乐百氏"（饮用水）等。这些字符都传达积极的信息含义。中国人喜欢听，以获得愉快的感觉。

与中文品牌名称相比，英文品牌名称的音节数量相对自由。一般来说，为了美观起见，一个英文品牌名称最好包含不超过七个字母（金汉深，2005）。一个、两个或三个音节比较流行，因为太多的音节不便于发音。

除了音节上的差异外，许多英语品牌名称都有后缀，后缀通常强调产品的某些特征。例如，添加后缀"-ex"表示"卓越"，以强调产品的卓越性能，如 Timex（手表）和 Windex（窗户清洁剂）。

为了吸引消费者，英语品牌名称常采取造词的手段。"Watch（威露士）"是一个成功的例子。"Watch"一词从外表和发音都像"wash"（洗），它表示产品的功能是"to wash your hands with it"（用它洗手），发音简单易记。

通过对汉英品牌名称语言特征的解读，我们可以发现，汉英品牌名称的语言差异主要体现在音节、构成和发音三个方面。有鉴于此，译者应尽量将中文商标翻译而成的外文商标名称的音节限制在四个以内，使其构图优美，发音悦耳。

综上所述，语言是一种社会现象和产物，也是一种社会交际工具，体现者一个民族的社会价值观和世界观。商标中的语言文化既要体现商品的相关信息，又需迎合消费者的文化理念，这样才能达到商标创造的目的。

第二节　中外商标中的文化机理

机理是指为实现某一特定功能，一定的系统结构中各要素的内在工作方式以及诸要素在一定环境条件下相互联系、相互作用的运行规则和原理。在现代社会，商标主要功能有两个：一、标识功能：作为企业产品或服务的标志，商标向消费者传递出所代表商品和服务的相关信息，以区别于其他企业同类或同商品和服务。二、广告功能：商标名发挥着广告效应，吸引消费者的注意，迎合消费者的需求，激发消费者对商品和服务的认同，以达到促销的目的。分析商标语料后，发现中外商标名称中的各文化要素符合主要按三条规则：融入当地文化、触发情景交融、关联商品特征。

一、融入当地文化

历史往往是促成各个民族特有思维方式、价值观、伦理道德、性格特征和行为规范的重要原因。这会对消费者是否接受某一商标及其代表的产品或服务影响甚大。商标内在文化要素应顺应该民族具有的思维方式、价值观、理论道德、性格特征和行为规范，即为"入乡随俗"。

以商标名中的语言符号为例，不同的文化背景赋予语言符号不同的联想意义和文化内涵（李明清、邹巧妹，2012）。在表意性极强的汉语言文字中，一些无意义的字符串在一起总会产生某种意义（朱亚军，2003）。商家常常会选择一些"吉祥"词语命名商标来迎合中国消费者。

比如"金"字在中国文化中，代表着"尊贵、贵重"，如帝王"金口玉言"不容更改；又如某商家"金字招牌"代表着高质量。这些与"金"代表的文化观念，也体现在商标名中，例如"金利来"服饰、"金山"软件、"金标"蚝油、"金狮"山地车、"金猴"服饰、"金锣"肉类食品、"金士顿"内存条、"金大福"珠宝等，从这些商标可以看出中华民族追求吉祥词语的习俗文化很大程度上影响了商标命名。

外来品牌进入中国后也遵循这一规则，如"BMW"定为"宝马"选择"宝"这一吉祥语，大众"Touareg"定名为"途锐"中，选择"锐"这个代表速度与激情的话语，皆在中国市场上取得了成功。

由此可见商标中的文化要素必须迎合商品和服务所在国家、地区和民族的文化习俗。只有这样，载体文化信息的商标才会为当地消费者接受。

二、触发情景交融

情景交融指的是商标名字中的文化要素唤起目标消费者类似的文化意境和共同记忆，赢得消费者对产品和服务的文化情感认同。

"杏花村"酒就是一个恰当的例子。唐代诗人杜牧那首流传千古的诗《清明》中杏花村深入人心，"杏花村"商标已映入消费者眼帘，就会激起他们牧童雨中遥指的杏花村酒家。杏花村商标将"美景"和"美酒"完美结合，是商标使情景交融的完美典范。

三、关联商品特征

商标是企业使产品或服务区别于其他企业的标志，其文化要素彰显出来的信息应与企业产品或服务的具体特征相关联。

文化要素应与企业产品或服务特征相得益彰，助力品牌提升。以"隆平高科"为例，"隆平"源于世界著名科学家、水稻育种专家袁隆平院士，"高科"代表"农业高科技股份有限公司"。"隆平高科"以杂交水稻为核心，以种业为主业。"中国杂交水稻之父"袁隆平院士的形象与公司业务核心完美结合，提升了公司的品牌形象，深化了公司文化内涵。此外还有大米品牌"北大荒"，也是如此。

商标展现企业产品或服务的特有特征，商标内在文化要素紧密联系于企业的产品或服务，这样会助力企业产品的销售或服务品牌价值的提升。

第三节 小结

多元文化体系对商标内部要素的各个方面都有影响。商标文化对目标社会群体有着巨大影响。不同文化的国家、民族、社会团体其经济、政治、文化以及价值观都有其独特性。商标文化内涵分析要从生态学、物质文化、社会文化、宗教文化和语言文化入手。在商标品牌文化和内涵方面，中外文化对品牌的影响是巨大的。中外商标名称中的各文化要素符合主要按三条规则：入乡随俗、情景交融、相互关联。

第三章　中外商标语言的审美

　　商标是区别商品生产者、经营者和不同质量商品的专用标志。商标按其构成可分为文字商标、图形商标、符号商标、立体商标等类别。

　　商标类别中的文字商标通常称之为"商标语言"，指的是"文字商标和组合商标中的所有语言文字信息，包括商标的名称、商标图案上的汉字及其变形、汉字拼音及其缩写、外语译名以及缩写"（曹志耘，1991）。这些商标语言文字信息本章所分析的重点。

　　商标为了具备商业价值，在创制中要把审美效果放在重要位置，在达到对商品宣传效果的同时，给人以美的享受，增加商标带给人的愉悦感受（刘彦哲，张文艳，2010）。

　　美国碳酸饮料 Coca-Cola 的译名"可口可乐"在中国妇孺皆知，很是畅销，企业赚得钵满盆满。其实 20 世纪 20 年代，Coca-Cola 开始引入上海生产，其销售水土不服。究其原因是中文译名为"蝌蝌啃蜡"，听起来毫无生气，味同嚼蜡，自然少人购买。为了提升销量，该公司花费 350 英镑征得译名"可口可乐"。Coca-Cola 的中文译名"可口可乐"，在广告界一直被公认为最佳品牌译名。译名不但模仿原品牌名的发音，而且还赋予品牌新的寓意。中国消费者对"可口可乐"四个字的喜爱已经远远超出了其饮料名称的浅层涵义，而是传达了一种深层的精神诉求。汶川大地震中获救男孩要喝可乐的情形形象诠释了喝可乐，既饱"口"福，又解"心"渴。

在经济全球化的年代，商标和品牌的命名和翻译研究不仅具有语言学意义，还具有经济学意义。此外，语言是文化的载体，而研究商标品牌名的审美使研究更具文化和现实意义。

一个品质优秀的商标，如 Coca-cola 英文商标和译名商标一样，应该如同一首诗歌，带来听觉、视觉和思维上的三重享受。做到三美，即音美、意美和形美。音美，商标语言读起来朗朗上口，听起来节奏感和韵律之美；形美，语言文字的长短、结构，外形有视觉冲击；意美，语言文字具有美妙的联想意义，满足消费者某种程度上的心理和精神诉求。本章将通过探讨商标语言的音、意、形之美，揭示商标语言的审美规律和特点。

第一节 商标语言的音之美

良好的美感意味着，一旦人们听到品牌名称，就会产生美感。良好的美感对于吸引人们并记住产品至关重要。"柯达"（数码）和"可口可乐"（饮料），"OMO"（洗衣粉）译为"奥妙"，这听起来像是猫的叫声。这些是典型的例子。

在商标中,商标语言所呈现出来的语音特征与商品和服务结合在一起，往往具有特殊的象征意义，并能激发消费者对相关商品和服务的积极联想。其中最为典型的例子非"Kodak"（柯达）莫属。

该公司前身为"伊士曼（ Eastman）公司"，生产了世界上第一部名为"Kodak"（柯达）相机而改名柯达公司。"Kodak"英文发音就类似"咔哒咔"的相机快门声音，象征意义明显，可激发消费者相机拍照动作联想，诱导其对产品认同感和购买欲。这一商标名积极促进了柯达公司的成功。

语言的语音既是语言学，也是心理学。语音符合人们审美情趣就会唤

起消费者无意识地心理上的愉悦感和好感。因此，商标设计者在设计商标时，应着重考虑商标的语音美，就如同创作诗歌一样，借助语音，给消费者带来听觉享受。

商标语音之美的表现方式多种多样，在这里，我们主要探讨四种常见的形式，即拟声、谐音、押韵及紧缩。

一、拟声（Onomatopoeia）

拟声指的是用语言符号模仿人、动物等自然界的各种声音。如英语中"murmur""bump""bang"和"rumble"等均是拟声词。汉语中通常是把汉字当成"音标"符号来构成拟声词。如人饿了肚子就会发"咕咕"的声音，狗叫声是"汪汪"地叫，敲门声"咚咚"，流水声"哗啦啦"，一声枪响"砰"，这些都是拟声词。人们听到这些拟声词，会不自觉地产生相关已经历事情的心理联想，而这是商标中使用拟声词的基础。

"娃哈哈"是中国知名饮品商标，"哈哈"两叠音字不仅表示人心情愉悦而发出哈哈笑的拟声词，还表明消费者认同和赞美此商品，而且"哈哈"更是形美词，因为"哈哈"包含四个"口"。此外，商标中的"娃"字暗示小孩喜欢喝此饮料，是商品的主要消费者。三字连在一起，读起来爽朗上口，听起来愉悦心扉。此商标质量之高堪比"可口可乐"。

娃哈哈®

世界著名的打火机品牌"Zippo"取自开关盖子发出的声音。每当想起或提到它时消费者脑海中就会产生美好的联想。

ZiPPO®

二、谐音（pun）

"谐音"即"双关"就是利用同音或近音文字，使一语兼具二义，产生辞趣的修辞格。"同音异义、一音多义、一音一义、异音同义等构成了音义结合的复杂性和灵活性。"（冯广艺，2003）在中国传统文化中，从诗歌到民间谚语，谐音的语言之美处处可见。例如刘禹锡著名的《竹枝词》"杨柳青青江水平，闻郎岸上踏歌声。东边日出西边雨，道是无晴却有晴"中的"晴"字，与"情"同音写尽了青年男女恋情的欲语还羞，留下无穷的想象空间。"外甥打灯笼——照旧（舅）"等谐音谚语，雅俗共赏，韵味无穷。

中文商标中的上乘之作包括"盖中盖"（钙片）、"蜜蜂"（保险箱）、"盖天力"（补钙剂）、"朴锌"（口服液）、"朴雪"（药品）。

生产商巧妙地利用汉字谐音将产品和服务的相关信息巧妙地蕴藏于其商标语言中，创造出高超的商标语言技巧。

　　"Safeguard"（舒肤佳）是世界著名日化公司宝洁公司日用品品牌之一。"Safeguard"的英文本义为"安全守卫"（to protect sth/sb from loss, harm or damage; to keep sth/sb safe),宝洁公司意思是"保护好大家的健康"，而中文译名采用"舒肤佳"谐音，让消费者一见到这个商标就产生一种舒爽之感。

三、押韵（rhyming）

　　在商标语言中，韵律的使用非常普遍。在英语当中，英语中有头韵（alliteration）、元音韵（assonance）、尾韵（consonance）之分；汉语中有双声（alliteration）、叠韵（consonance）之分。英语中，由于其字母文字特点，较多采取头韵（alliteration），例如：

　　2010年上海世博会的英文宣传语为"Better City, Better Life"，直接采取重复方式，构成头韵，朗朗上口，易于记忆，传递了"城市，让生活更美好"的理念。

汉语商标多采用双声（alliteration）、叠韵（consonance）的修辞手法，如"玲珑"（轮胎）、"珍珠"（红酒，广东省老字号）"鸭鸭"（羽绒服）等。

英文商标中"Clean & Clear" 一可伶可俐（洗面奶）是强生公司推出的护肤品牌，致力满足少女肌肤需求。"Clean & Clear"在英语中是指"清洁和清除"，其韵律为"头韵"，其中文商标"可伶可俐"源于"聪明伶俐"，其中英文商标清楚传递产品的信息外，迎合了消费者对韵律的审美情趣。类似的"头韵"商标还有：三星公司的"SAMSUNG"（电子产品）。

除头韵外，押元音韵的表达方式在商标语言中并不少见。例如："骆驼"（户外服饰）。

汉语中，叠音的商标语言自然也是非常流行的。例如："洽洽"（瓜子）"开开"（衬衫）。

四、紧缩（abbreviation；acronym）

汉语的紧缩辞格是一种通过截短或缩合文字的手段而不增减词义的修辞手法。英语中与紧缩相对应的是 abbreviation（缩写式或缩写词）和 acronym（首字母缩略词）。他们都是常采用紧缩修辞手法将原本较长的商标名精简，以便于商标品牌名的传播。一般说来，商标品牌名宜短不宜长，中文商标品牌名以 2-3 个字居多，英文商标品牌的 2-3 个音节。

如，"哈尔滨啤酒"缩写为"哈啤"，"中国航空公司"紧缩为"国航"。

英文商标中缩商标品牌名很多，世界 500 强中的商标品牌名就有许多，如，"hp"（惠普）、"BMW"（宝马）、"IKEA"（宜家）。

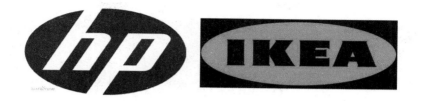

第二节 商标语言的形之美

商标语言的发音展现听觉上的"音美"，同时也应重视视觉之美，即"形美"。商标文字以商标的形式出现时应便于识别，适合记忆。文字商标在字形设计上形象悦目、简洁醒目，给人以美的享受。

商标语言在视觉上的美感，即为商标语言的形美。在中文商标中常见的包括："维维"（豆奶），"太太"（口服液），"香飘飘"（奶茶），"煌上煌"（食品）等。

英文商标中常见的有"TATA"（女鞋），"OMO"（洗衣粉）等。

OMO 商标中的两个字母 O，如同一双大眼睛，引人注目，便于记忆。

这些词语都是普通文字，在设计者精巧操作下普通语言符号变成了美丽的文字图，活灵活现地把其商标语言信息传递得活灵活现，展现了商标语言的形美。

第三节 商标语言的意美

商标语言的意美主要体现在精神层面的表现。商标能展示出商品和服务特性，体现其价值和品位，给人带来一种满足和愉悦，即为"商标语言的意之美"。

一、展示商品性能

商标品牌名在消费者群体中不单纯是个物品更是地位品位的象征。人们常说开"宝马"（BMW）坐"奔驰"（Mercedes-Benz）戴"劳力士"（ROLET），便是如此。

ROLEX

英语中的一些字母或字母组合往往具有某些特定含义。如，英文商标名"EX"会使人联想到"卓越""超过"之意。

感冒药"CONTAC"其音美意也美，CONTAC 由 continuous action 缩略而来，其含义为功效奇特，药力持久。

中文商标中可清晰表达商品性能和品味的不胜枚举，仅以宝洁公司的产品为例略表几例。如：

时尚美容产品：玉兰油、海飞丝

健康产品：佳洁士、帮宝适

家具产品：汰渍、碧浪

二、引发丰富联想

商标名不只是几个简简单单的语言文字符号除了能凸显商品和服务品味外，有些商标还蕴含深刻寓意和感人故事，引发丰富联想。

"景田实业集团"善讲故事，将矿泉水冠以"百岁山"的美名，激发消费者联想到"健康长寿"的寓意，形成"喝百岁山矿泉水，长命百岁"的心理图式，激发消费者购买欲望。

全球酒店品牌"SHANGRI-LA"（香格里拉）意为"世外桃源""人间仙境"。"香格里拉"在藏语中指"心中的日月"，英文商标 SHANGRI-LA 是汉语的音译。"香格里拉"一词源于一位美国小说家詹姆斯·希尔顿（James Hilton）在 1933 年的小说《失去的地平线》（Lost Horizon），其中他所描绘了一块称为"香格里拉"的永恒、和平、宁静之地。"香格里拉"象征"世外桃源"。香港企业家郭氏家族买断"香格里拉"，做为其酒店的商标名，SHANGRI-LA（香格里拉）酒店的选址依山傍水，风靡世界。都市人生活在钢筋水泥中，"香格里拉"变成人们一心向往之地。

第四节　小结

商标语言符号的审美包括由音、形、意三要素。音是其听觉表现，悦耳动听；形是其视觉表现，引人注目；而意则是其精神层面的表现，寓意悠长。设计商标语言时，应努力做到商标语言的音、形和意三美和谐统一。顺应消费者的审美观，消费者才易于接受其商品和服务。

第四章 中外商标的命名

　　商标命名即给商标取名字。前面三章我们已知商标是生产者为使自己的产品或服务与他人相区别而使用的标志。商标包括了文字、图形、字母、数字、三维标志、颜色组合和声音等，或者上述要素的组合。商标名字或商标名称是商标的语言符号，可以由文字、字母、数字以及这几类要素组合构成。

　　"名"在中西文化中都具有极其重要的地位。孔子云："名不正，则言不顺；言不顺，则事不成。"名字既是命名者赋予被命名事物的一种标识符号，更包含了被命名事物的某些特征。商标名作为商品的名字和标志，消费者形成企业产品或服务的第一印象就是商标名。商标命名是否恰当会在很大程度上影响企业产品在消费者心中的印象和购买欲望，以致影响企业的社会和经济效益。因此，企业生产出的产品，不仅质量优良，还需产品商标名响亮。

　　西方学者Charmasson（1988）指出："商标名称是一个能让大家辨别出来的公司名称或产品名字，必须要独特和具有原则性，能在同行中鹤立鸡群。最好还能包含一些讨人喜欢的信息，以刺激消费者上门购买。创造出这样的好名字，不但是一门艺术，也是一门科学，而其中的原则、方针乃源于社会学、心理学和语言学。"商标命名研究对象包括商标中的文字或者图形以及组合商标中的语言符号。商标命名研究是为了揭示商标的命名规律，研究如何创制出一个优质的商标名称。

第一节 中外商标的命名原则

商标命名的过程实质上就是一种符号化讯息传递的过程。（朱亚军，2004）这就是说，命名者通过语言符号（即商标）来实现信息传递的目标。

商标命名指是以信息诉求为目的。信息诉求主要包括情感诉求和理性诉求。情感诉求即命名者通过商标表达某种思想理念或主观意愿，以引起目标消费人群的心理或情感共鸣，实现达到促销商品目的。理性诉求即命名者通过商标命名向目标消费者或不特定消费者提供商品或服务的品质、性能、价格、用途、效果、产地、用法等信息（朱亚军，2003）。要使商标发挥信息传递功能和情感引导功能，命名商标需遵循以下六大原则：区分性、宣传性、适应性、简洁性、历时性和合法性。

一、区分性

如何区分于其他同类产品是商标命名的首要目标和问题。商标不能与其他同类产品的商标相同或者类似。低级模仿不具创造性地命名出来的商标不具有区别性，没有任何价值。

在商标命名过程中，商标创制者必须赋予商标某种带有区别性和独特性的信息，如生产者不同：卢家生产的铜镜刻上"卢氏"以示区别，"干将""莫邪"宝剑举世无双，"张小泉"（剪刀）质量上乘，等等；产地不同："景德镇"陶瓷精美绝伦，"茅台"酱香酒回味悠长，"金华"产的火腿味道鲜美，等等。这些商标所承载的各种区别性信息符合商标命名的区别性原则，让消费者易于识别自家产品。

二、宣传性

商标除标识功能外，还应有广告宣传引导功能。"引导性"原则要求商标命名者通过商标命名传递商品的理性信息和情感共鸣，实现商品促销。

例如："福满多"（食品）的商标契合了中国传统"民以食为天""悠悠万事吃饭为大"的理念。"福满多"商标传递的品牌形象使消费者脑海中浮现"吃福满多食品，福气多多"的意象，潜意识中就有一种亲切感愿意购买该商品。

三、适应性

商标的命名并不是单纯的个人或企业行为,要充分考虑到社会的政治、经济、文化、人群等多方因素(季丽莉,2008)。在商标命名过程中,商标命名者要充分考虑不同社会文化、不同目标消费群的"偏好",顺应他们的需求,这便是商标命名的"适应性"原则。

不同的国家或民族往往有着不同的社会文化。这些文化传统的不同会对商标名是否被接受产生影响。命名者应选择遵从这些民族所特有的思维方式、价值观、理论道德、性格特征和行为规范等,否则可能会造成不良后果。如,国内一家做烤炉代工的工厂,想打造自己的品牌进入美国市场,起了一个朗朗上口的商标名"YOYOGrills",发到美国 500 台,结果只售出了 5 台。究其原因就在这个商标名上。美国消费者酷爱户外运动,烤炉是必备的用具,主流消费人群是 40-45 岁的中年男性。在美国人心中"YOYO"这样的品牌名字,有种幼稚或是少女的意象,根本不入中年大汉的视线,也难怪没有销量。这就是商标命名没有考虑不同的社会文化、消费人群而失败的典型案例。

四、简洁性

所谓简明原则,即商标语言要简洁和明晰,符合语言学的经济原则。据统计,绝大多数商标汉字数量限定在 2 到 3 个之间,占到了总比例的 96.707%,其中由两个汉字组成的商标为 77.7%。而外文商标也很少有多余四个音节的情况。

心理学、语言学和传播学都指明优秀的商标命名必须简明，即简单明晰、方便记忆。

五、历时性

商标命名的历史悠久，时间跨越数千年。不同的历史时期的商标命名反映了当时的历史文化，也受制于一定的历史条件。商标命名中，命名者必须顺应所处的时代特点来创制商标名，即为商标命名的"历时性"原则。

如，19世纪后期至20世纪初，中国这时期的品牌大多是以商号的形式存在，例如：同仁堂、元丰号、东来顺、裕盛、元裕等。这时期的商号名称仅仅只有象征吉祥意义的专名，一般命名者受到时代约束，基本都会创造倾向于象征吉祥寓意的商标。

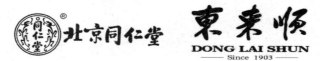

民国时代的民族经济体现出商品经济的特点。中国民族经济受到外国殖民经济的压迫，商标表现出浓厚的民族主义及爱国情怀，例如：在商标名称上多用"华""龙"等具有民族特色的语素组成专名，如："中华""华生""大华""五华""红金龙""白金龙""龙虎""强国"等。

新中国成立后，新式革命风格商标成为时代特点，如"东风""解放""跃进""红旗""东方红""红星"等。

改革开放以后，我国经济建设发生翻天覆地的变化，商标的命名变化明显，先是商标体现明显中西合璧特色。如："沙松（沙市和日本松下）""福达（福建和美国柯达）""福日（福建和日本）""新乡·飞利浦""江西五十铃等。20世纪90年代后，社会主义市场经济兴起，商标品牌的民族特色重获重视，大批具有传统文化和民族特色的商标得以恢复和采用。如："九芝堂""恒源祥""吴裕泰""冠生园""喜临门""娃哈哈""老干妈""阿香婆"等。

近几年，商标命名中使用流行语的现象屡见不鲜。流行语即某一时期社会上广泛流行的词汇或短语。流行语具有一定的语言价值和社会价值，特点包括大众化和时代性，往往幽默逗趣或富含哲理。如：

商标名	使用领域或功效
绿控	咖啡
正能量	肥料
Hold 住	酒
卖萌	饮料
仙菇凉	肉罐
蛮拼的	补药
闺蜜	衬裤
现象级	地毯
萌萌哒	婴儿车

逆天	防滑垫
女汉子	冰箱
高富帅	导航仪
点赞	游戏机
么么哒	箱包
最美公主	珠宝
奇葩	杀虫剂
康二代	肉食产品
神马浮云	服装
辣妈	婴儿车
复兴梦	玩具
女神任性	女装
暖男	护发素
新常态	地板
草根达人	货物展出
给力	灭火器
小鲜肉	精油
舌尖上的草原	旅行陪伴
单身狗	狗粮

由于流行语使用的范围广、人数多，具有时代性，如果运用恰当，可大大节省推广成本。但应注意的是，用来命名商标的流行语必须寓意健康、指向明确，不应选择道德规范擦边球、寓意含糊的词汇或短语。

商标的变迁和社会的政治、经济的发展密切相关，是时代的一面镜子，反映着强烈的时代特征和社会内容。商标命名必须随时代变化而改变，才能引领时代为消费者所接受。

六、合法性

所谓合法性原则指商标命名应遵守商标所在国家的相关法律。商标作为产品或服务的标志，其必然会受到所在国家或地区相关法律条文的约束。这些法律条文代表着整个社会对商标名的权威要求，是命名必须遵从的命名原则。

商标命名主要依据《商标法》。不同国家或地区的《商标法》都对商标的命名、设计和使用做出一系列的严格规定。作为商标命名者，必须熟悉并严格遵守相关法律，否则将会使企业遭受不必要的损失。合法性原则是一条特殊的强制性原则。命名者必须遵守。

第二节　中外商标的命名方法

　　商标命名对一个企业能够在市场激烈的竞争中成功与否影响巨大。拥有一个好的商标名对帮助企业产品和服务的推广作用很大，甚至是关键作用。怎样才能创制出一个质量上乘的商标？国内外专家都提出了自己的看法。朱亚军、朱云秋（2001）从暗示策略的角度提出了动物命名法、植物命名法、自然现象命名法、数字命名法和名气命名法。刘友全（2008）提出商标标命名使用人名商标词、地名商标词、企业名称商标词、动植物商标词、产品性能商标词、外来语商标词和臆造商标词等。美国专家 Adrian Room（Murphy J. M.，1987）则从语义分析的角度提出了人名商标命名（personal names）、地名商标命名（place names）、发明商标命名（invented scientific names）、地位商标命名（status names）、佳联性商标命名（good associations names）、人造性商标命名（artificial names）和描述性商标命名（descriptive names）。按照刘彬（2015）提出的区别性、引导性、适应性、简明性、历时性和合法性命名原则，中外商标命名方法可分为：人物式命名法、地名式命名法、形象式命名法、联想式命名法、典故式命名法、臆造式命名法六种。

一、人名命名法

人名命名法指以产品的生产者、发明者、经营者或相关的人名来命名产品。在中国，人物式命名法最早可以追溯到春秋战国的"物勒工名"制度，在出土的战国中晚期铜镜上，发现了标记着不同生产者的标志，如，邹氏、袁氏、马氏、宋氏等。在随后的历史发展中，人物式命名法主要出现了以下三种方式式：

最为常见的一种结构方式是姓与"氏""家""记"的组合。如"汪氏"蜂蜜商标。

除此之外，还有姓＋职业组合。姓与职业的组合，可以清晰地向消费者传递产品的信息。如："谭木匠"、"李医生"美容护肤品等。

还有直接以姓名或名作为商标

现代姓名商标，多以单纯的姓名或名作为商标，如羽西化妆品品牌和第一个以姓氏命名的中国汽车品牌长城汽车魏派。

著名美籍华人靳羽西女士创立于 1992 年创立羽西品牌。靳羽西女士生于中国桂林，涉猎多个领域，有多层身份，如世界著名电视节目主持人、制作人、畅销书作家、慈善活动家。1992 年，靳羽西成立了羽西化妆品公司，帮助亚洲女性女树立美的自信。

魏派创立于 2016 年，是长城汽车旗下的一个豪华 SUV 品牌。长城集团在 SUV 市场已获巨大成功，此次创立新的豪华 SUV 品牌，标志着长城汽车决心要向上竞争，也是为了满足国内消费者对豪华 SUV 需求的日益增长。长城旗下新品牌的命名，源自长城汽车创始人魏建军先生的姓氏，这是中国第一个以创始人姓氏命名的中国汽车品牌。在谈到魏派时，魏建军先生表示："以个人姓氏命名一个全新的品牌，这在中国的汽车制造史上从未有过。但在中国人的传统中，'姓氏'绝不仅仅是一个符号或代称，它蕴含的是荣耀的积淀和时代的开拓、传承，任何一个有担当的人都希望为自己的姓氏争光。"于是，魏先生决意以自己的姓氏作为郑重承诺，用家族荣誉和信仰，坚决捍卫这个品牌。长城集团宣布用长城一贯的承诺、责任和自信，使 WEY 品牌真正做大、做强。

在外国品牌中，人物式命名法在世界范围内都较为常见，其中美国和欧洲品牌名称中，人物姓氏式命名约占 46%（李飞，李翔，2004），如：汽车品牌 LINCOLN（林肯）、Ford（福特）、Mercedes-Benz（奔驰），时尚品牌 LOUIS VUITTON（路易·威登）、GIVENCHY（纪梵希）等。

　　一般而言，人物式命名方式选取的人物特征为名人或本行业内具有高知名度，有着重大贡献，可视为质量和信誉的象征。

二、地名命名法

　　地名式命名法指用某一特定地理名词命名其产品商标的方法。这个地地名能使人能联想当地著名的历史、文化、风景、物产等内涵。如"青岛"啤酒、"长安"汽车、"贵州茅台"酒、"波尔多"葡萄酒、"拉菲"红酒等。

　　外国商标命名中，地名式命名法也比较常见，如"肯德炸鸡""麦斯威尔咖啡""德州仪器"来自美国 Texas 州，Canada Dry 是来自口拿大的饮料，等。地名式命名法简单明了，是商标命名法中的一种主要命名方式。

三、形象命名法

以世界上某种事物的形象来命名商标，即为形象式命名法。形象式命名法在命名过程中所关注的重点非事物本身，而是其令消费者产生的联想意义。

这一方法常用"动物""植物"以及"自然现象"形象来命名品牌。这些熟悉的动物、植物和自然现象用于商标命名中，通过意象传递产品信息给消费者，将能够激起用户强烈的消费欲望。

动物形象命名法如汽车领域内的"悍马"汽车、"宝马"汽车等。飞奔的骏马使人联想起飞驰的汽车，产生深刻的意象。吴冰冰（2007）曾对中国驰名商标中的动物形象进行统计，使用动物形象相关的的商标命名共计 104 个，达到 11.4%。

如"太子龙"服饰、"金龙鱼"食用油、"雕牌"洗衣皂、"银鹭"八宝粥；"小天鹅"洗衣机、"鸭鸭"羽绒服等。

欧美文化中，命名者多喜用动物。例如："JAGUAR"（美洲豹）汽车、"PUMA"（美洲狮）汽车、"Thunderbird"（雷鸟）汽车、"Rooikat"（山猫）装甲车、"Super Duck"（大鸭子）水陆两用车等。

植物形象命名法

花草树木乃人们赖以生存的基础。中国文人墨客就毫不掩饰自己对花草树木的喜爱。常见诗句有："出淤泥而不染"（荷花）、"人面桃花相映红"（桃花）、"青松挺且直"（松树）、"此物最相思"（红豆）。在商标中常见的有"梅花"（味精）、"红豆"（服饰）、"玫瑰"（服饰）、"葵花"（药业）"竹叶青"（酒）等。

则传达了酒的颜色，"雪莲"羊绒衫暗示了产品的用途。

在外国商标中，植物命名法，如："Apple"（苹果）手机、"Big banana"（大香蕉）圆珠笔、"Laure"（月桂树）汽车等。

自然现象命名法

人们在诞生之日起，对于山川河流、日月星辰和风霜雨雪等自然现象就存在自然崇拜现象。商标创制者把人们自然现象的崇拜融入商标命名中，以激发人们的情感，获得消费者对产品或服务的认同，即为自然现象命名法。无论中外，与"太阳"相关商标命名相当普遍。例如美国的"Sunergy"食品、韩国的"Sunjoy"电器、中国的"太阳神"口服液等。

以"星"来命名商标也很多，如"五星"（啤酒）、"北极星"（钟表）、"双星"（鞋）、"Superstar"（音响）、"Onlystar"（日用品）等。

四、联想命名法

联想是暂时神经联系的复活，它是事物之间联系和关系的反应。联想式命名法是指以传递产品信息为目的，选择可激发消费者积极联想的信息符号组成商标。

联想式命名方法中常应用文字、色彩和数字构成商标。

文字联想

汉字源于象形文字，并且单个文字本身具有一定意义。中文商标选择单个汉字或组合和组合。这一点不同于由字母构成的英语、德语、法语等字母语言。商标创制者需把字母按一定语法规则进行组合，才能形成有意义的商标语言。

以药品商标为例：作为一种特殊的商品，药品商标使用的文字能使消费者联想激起美好健康的生活。经研究前 10 位常用汉字为"美""乐""优""力""利""立""克""复""安"和"通"。例如：

"福善美""艾思美""美多丽""咳立停"等。

在外国英语商标中，字母"S"总让人与女性优美的"S"形身体曲线联系起来。因此有的商标设计师设计女性专用商品商标时，有意加上"-S"作为后缀，如"Aeress"（胸罩）、"Simdess"（减肥化妆品）等。

色彩联想

每一个人或社会群体，每一个民族都会有自己特别的色彩喜好。商标语言中的色彩语言符号常令消费者产生色彩联想。据统计，在中国驰名商标中使用色彩词语的商标有 67 个，占总数的 8.21%。其中含有"红"字的 22 个，这是因为中华民族偏爱红颜色，所以商标中也多用"红"，表喜庆、财富、热烈、奔放。"中国红"成为了中华民族的主色调。常见有："红桃 K"（生血剂）、"东方红"（拖拉机）、"红蜻蜓"（服装）、"红双喜"（乒乓器材）、"红塔山"（烟草）"大红鹰"（烟草）等。

每一个民族色彩文化不尽相同，商标中的颜色词语会给消费者带来不

同的联想。商标命名者选用色彩词语时应结合产品特点，充分发挥色彩联想的积极意义。应注意的是，商标命名绝不能忽视不同国家、民族、群体之间的色彩文化差异，否则将有可能轻则导致商标命名失败，重则会严重拖累在该国产品的销售量。

数字联想

"数"，一种抽象数学概念，来自人们对物体数量与排列结构的认知。中国传统文化中的"数"其含义更为笼统。在易学中它代表宇宙万象的运行规律。中华民族对某些数字形成了自己独有的理解和偏爱。商标设计者借用了这一认知，使数字视觉化，创造出具有独特数字概念的品牌商标，以引起消费者的积极联想。

以商标中的数字"二"为例。中国传统观念中的"双"（二）代表完满与和谐，也指对称、对比的构成模式。中国商标设计者引入了这种构图模式形成了大量以"双"字命名的商标，如，"双龙""双鹿""双狮""双马"等。

数字"万"比喻极多，古时大臣称皇帝"吾皇万岁王岁万万岁"，朝代"千秋万代"。"万"字在现代汉语可为程度副词，表示"极其、很、非常"。商标命名大多利用其吉祥内涵外加副词修饰这一特质，对商品达成美誉。如"万通"（药业）、"万和"（热水器）、"万家乐"（燃具）等。

"九""五""六""八"等数字是汉语中吉祥数字，也常常出现在中文商标中，如"三九牌""五羊牌""金六福"等等。

近年，中国商界用阿拉伯数字来命名的商标越来越多。张幔（2017）曾对此总结如下：

特点	商标名	类别（功用）
表示物理属性	37.5	避孕套
	5100	瓶装水
数学内容	3515	鞋
	3721	酒架
	3.14	瑜伽垫
数字谐音	52025（我爱你爱我）	内衣
	521 我爱你	工厂建造
	1314 一生一世	竹木工艺品
	518(我要发	添加剂
难从名称推测出其命名理据的数字商标	1	血压计
	2	工艺品
	3	非金属门
	4	碳酸钙
	5	玉雕艺术品
	6	生化药品
	7	粉末冶金
	8	手提电话
	9	豆腐制品
	749	领带夹
	788	人造宝石
	798	贵重金属合金
	3456	服装
	12345	果冻
	123456789	工艺品

目前，单独使用阿拉伯数字来进行命名的商标较为少见，究其原因是因为只有数字作为其构成要素，比较简单，在申请注册时常因缺乏区别性而被驳回。但也有个别商标经过长期的使用获得了良好的口碑并成功注册，如上面的999（感冒药）、555（电池）、360（杀毒软件）等。

西方文化同样存在对某些数字的偏爱。如 7 是一个吉祥数字，于是商标就有"MILD SEVEN"（万事发）：香烟、"7-Up"（七喜）饮料、"7-Eleven"（便利店）等。

运用数字命名法借用人们对数字的联想效应，可增强消费者对形同或类似商品品牌的差异化认知作用。

五、汉语拼音命名法

汉语拼音是采用拉丁字母来辅助汉字读音的工具，也是国际普遍承认的现代标准汉语拉丁转写标准。在选用汉语拼音命名的商标中有相当一部分是其中文公司名称的拼音，如："XINTONG"（数量显示器 ），其公司名为"陕西新通智能科技有限公司"；"ZhiHai"（半导体），其公司名为西安智海电力科技有限公司，"ZHENGFANG"（管道泄漏报警装置），其公司名为"天津市正方科技发展有限公司"；"KAIHUA"（绝缘材料），其公司名为"天津凯华绝缘材料股份有限公司"。

六、典故传说命名法

典故传说命名法通常是指借用文学作品和神话传说中的典故和有来历的词语以及大众熟知的公认的人物故事、事件，来用于商标命名。国内如"甘露"牌芝麻油、"东方红"拖拉机。

外国商标中冶有许多用文学作品中的人物作为商标名，如"Pickwick"（钢笔尖）。这是英国麦克尼文一卡梅伦公司 (Macniven & Cameron) 生产的钢笔尖，蘸水笔尖。

早在 1770 年，M. 麦克尼文和卡梅伦就在苏格兰爱丁堡建立公司，生产各种书写笔，爱丁堡是英国著名作家 W. 司各特生活，工作和创作的地方。1814 年他以苏格兰为背景写出了小说《威弗利》。1863 年，麦克尼文一卡梅伦公司生产出第一种型号的笔尖，由于卡梅伦本人是苏格兰人，便借用这部小说主人公的名字威弗利 (Waverley) 作了商标。之后，公司又用狄更斯《匹克威克外传》中的主人公匹克威克 (Pickwick) 和一文学杂志的名字《猫头鹰》(Owl) 作了另外两种新型笔尖的商标。麦克尼文一卡梅伦公司曾用一副双偶句为它所生产的这三种笔尖作广告并因此而家喻户晓：

"上帝为民赐福，福禄接踵而至；

匹克威克、猫头鹰，还有威弗利。"

第二次世界大战期间，一家美国军队小报曾沿用这副广告，改成了顺口溜：

"上帝为民赐福，福禄接踵而至；

"上帝为民炀乒电筒，还得吃配给。"

（见美国《星条旗》杂志 1944 年 10 月 4 日号）。

七、臆造命名法

臆造式命名法指命名者按照自己的意图和命名规律新创的词语符号，此方法命名的商标明显不同于以专名或通名为基础的商标。如，"长城""苹果"商标，其命名语言为通用名，而"海尔"商标中的"海尔"不是在现实生活的词语，是主观创造出的词语，臆造式商标命名法。

在外国商标中，使用臆造式命名法创制商标比较常见，如"Lite"（啤酒），命名者创制"Lite"其发音与"light"一词完全一样，使人联想到该啤酒"味淡"、"让人感觉轻松"等特点。又如"REEB"（力波啤酒）商标命名者把"beer"单词倒着拼写出来（啤酒）而创制成功。

又如 Spirella（斯拜罗拉胸衣时装）。这是英国斯拜罗拉公司（Spirella Co.）生产的妇女紧身胸衣及其它时装品牌。在 20 世纪初，位名叫马库斯·比曼的美国工程师潜心研究能够镶缝到妇女胸衣上的弹性紧身带。他采用把一条金属丝前后弯成一系列 S 型的方法，发明了一种螺旋拉条紧身带。他称之为斯拜罗拉弹性拉条（Spirella flexible stay）。这一发明引起了他的两位合伙人的注意，他们开始利用这种弹性拉条，根据人体结构来设计妇女紧身胸衣。几年后，两合伙人之一的金凯德来到英国，于1908年创建英国斯拜罗拉公司。该商标中，Spir- 是取自 spiral（螺旋）。后缀 - ella 具有"女性，女用，小巧"等含义，在许多妇女纺织用品的商标中都可见到这一后缀。斯拜罗拉公司靠着这一品牌产品获得了成功。

第三节 国内商标命名的发展趋势

由于社会发展日新月异，商标命名也变化很快，呈现口语化、个性化和国际化趋势（张幔，2017）。

一、口语化

商标语言可以严谨郑重，也可以轻松随意，富有生活情趣。商标命名口语化趋势越来越明显。如：

商标名	领域或功用
去哪儿	网站
宝宝来啦	积木
饿了么	网站
给面子	洗面奶
吃我试试	干枣
挺容易	药茶
两口子	肉松饼
馋不馋	果肉
算你牛	牛肉干
小茗同学	饮料
还不晚	假发
流口水	棒棒糖
咋帝	工业硅
俺庄后山	花生衣
挎兜宝贝	红枣

二、个性化

现代社会中人们，尤其是80后、90后新新人类思想自由、乐于表现这些特点也体现商标名称中，如个性化思维、乐于自嘲的商标名比比皆是，如：

商标名	领域或功用
贱叔叔	苹果汁
傻二哥	锅巴
土老帽	豆筋零食
大麻子	黑芝麻片
土老憨	鱼干
五蔬行菜	枸杞
妖精的口袋	女装
随便	雪糕
凶猛熊猫	服装
拔萝卜的小老鼠	服装

三、国际化

中国商品行销全球，商标命名的国际化趋势一如当初未见衰竭。许多商品商标同时命名中外（外主要是指英语）文来创制。如：

商标名	领域或功用
Westlink/ 西遇	女鞋
BE & CHEERY/ 百草味	牛肉干
ChaCheer/ 洽洽	炒货
SWEET MOMENT/ 小时光	雨伞
Happy Time/ 幸福时光	男装
Three Squirrels/ 三只松鼠	坚果
Orchard peasant/ 果园老农	果干

第四节　小结

中外商标命名对所服务的商品来说十分重要，成功与否会在很大程度上影响消费者对企业产品的印象。商标的命名应遵循原则包括：区别性、引导性、适应性、简明性、历时性和合法性。商标命名者多采取以下七种命名方法：人物式命名法、地名式命名法、形象式命名法、联想式命名法、汉语拼音法、典故式命名法、臆造式命名法。国内商标命名的发展趋势呈现口语化、个性化和国际化。

第五章 中外品牌商标的翻译

　　商标翻译一直是翻译领域的一个热点，而国内外许多专家学者已经对商标翻译从社会语言学、传播学、跨文化和认知图式、功能对等理论、符号学、关联理论，消费心理学理论、适应理论、模因论、生物适应和选择论、美学、目的论等角度进行了研究。在经济全球化进程中，商标的设计和翻译无疑对中国企业走向世界起着重要的作用。成功的商标翻译将带来巨大的经济效益，而不成功的翻译会带来负面影响，影响企业形象和经济效益。因此，所以应非常重视商标翻译。一般来说，商标的翻译只要能激起消费者的良好联想和购买欲望产品可以看作是成功的。

第一节　国外翻译理论

　　有关翻译的理论，人们已经发表的见解可谓洋洋大观。从始自 20
世纪 80 年代对西方语言学译论的介绍来看，较为重要的就有卡特福特
（Catfort）译论中对系统功能语法的运用，奈达对转换生成语法的应用，
斯内尔·霍恩比（Snell-Hornby）中对格语法的运用（1988），科比（Corlee）
对符号学的运用（1944），古特（Gutt）对语用学的运用（1911），诺德（Nord）
（1991）和哈蒂姆及梅森（Hatim & Mason）（1990）对语篇分析的运用，拉
森（Larson）对语义学的运用，等等。西方译论所涉及的学科也是数不胜数，
重要的有系统功能语言学、语篇语言学、对比语言学、现代阐释学、语言
哲学、文艺学、文化学、符号学、思维科学、传播学等等。它们充斥着成
套的抽象的术语，而这些眩人耳目的术语大多是利用了英语抽象词生成容
易、词义灵活、同义词丰富的先天优势，到了汉语致力于实际应用时，则
感到很难把这些奥妙高深的、看似放之四海而皆准的抽象理论本土化。究
其原因，也可能由于汉语和英语属于不同的语系。汉语属于汉藏语系，英
语则属印欧语系，各具个性。尽管各语系之间的翻译有着心同理同的共性，
印欧语系中两种语言的互译，其实践过程自然不同于英汉互译，而西方译

论主要源自印欧语系中不同语言互译实践，因而完全以西方译论指导英汉互译实践是不符合理论联系实际这一根本原则的。罗新璋在《钱钟书的译艺谈》一文中说："任何一种翻译主张，如果同本国的翻译实践脱节，便成无本之木，无源之水。没有渊源的崭新译论，可以时髦一时，终难遍播久传。"所以对于国外翻译理论的选择要秉承着实用主义的理念，不可生搬硬套，要讲究实效（张振久，孙建民，2009）。下面作一简单介绍。

Jeff Verschueren 在《语用学诠释》一书中提出了顺应性和可变性，表明自然语言有三个特征：变异性、可商讨性和适应性（Verschueren，1999）。翻译是语言符号之间的转换以及语言使用的过程。所以翻译的过程也是一个不断选择的过程。商标的翻译尤其如此。商标通常具有简洁、生动、易于理解和记忆的特点。商标的目的是吸引消费者的注意，让他们购买。所以为了达到这种效果译者必须从目的语中选择接受性语言，并适应目的语消费者的心理认知文化。只有这样，商标翻译才能实现其独特性意图。彼得·纽马克是著名的翻译理论家和教育家，他将各种理论结合在一起进行翻译实践。他已经在这一领域做出了大量努力。纽马克表示应该有翻译方法既忠实于源文本，保持其文化内涵，同时又可以让目标语读者与源语读者获得相同的感受，这可以简单地直译或意译。纽马克更加关注到文本类型。他认为翻译方法的应用这取决于三个方面：翻译目的、文本类型和读者类型。劳伦斯·维努蒂创造了一对术语："归化"和"异化"，来描述两种不同的翻译策略（Venuti，1998）。归化指在翻译过程中使用流畅的语言风格最小化目标语言读者对翻译的陌生，翻译应以目标语言或目标语言读者为中心。而异化指在翻译过程中，译者应引用原文目标语言的词汇、句子结构、语法和文化特征，从而彻底打破目的语固有的传统和平衡。它注意翻译应以源语言或文本为中心。奈达指出，这种翻译对应于两种类型的对等，即形式对等和动态对等。他定义功能性对等是从语义到风格最接近的自然对等（奈达，1998）。"功能对等"原则体现了可译性和相对性或动态可译性程度，合理解决翻译过程中文化因素、文本、读者以及译者与读者之间的关系。

第二节 国内商标翻译研究现状

国内商标翻译研究经过 20 多年的发展，取得了一定的成就。20 世纪 90 年代以前，中国的翻译受到西方语言学派的翻译理论，如功能翻译论、动态等效和等效原则常用于指导翻译实践。20 世纪 90 年代以后，中国的翻译学者开始关注西方翻译带来的文化转向的巨大影响。研究者们开始从文化交流，文化差异视角和跨文化交际视角开始研究。然后新翻译理论被介绍给翻译研究者。中国商标翻译研究的思维方式也呈现出多元化的趋势。

贾文波教授的著作《应用翻译功能论》树起了中国翻译功能派在应用翻译领域的大旗。贾文波教授指出应用翻译目第二次世界大战结束以来获得高速发展。出于实际需要，商业、外交、科技方面的翻译蓬蓬勃勃地兴起来，其声势甚至超过文学翻译。应用翻译的种种迹象表明，它与功能翻译理论之间确实存在着某种内在联系和必然规律，存在着一些"巧合"之处。它的一些主要特征几乎都能从功能翻译理论中得到合理的解释和论证。功能翻译理论调翻译是一种"交际互动"和"跨文化活动"，是一种涉及委托人、译者、接受者多方专业人士集体参与的整体复杂行为。在这一行为中，委托人对翻译的具体要求、文本的特殊功能和目的，以及目的语语读者对译文的期待等是翻译活动中必须考虑的要素，而应用翻译龄的宰实际充分体现了该理论的要素特待征。贾教授指出，翻译是一种多元互动的交际过程，那么在这一过程中，必然会表出一些这方面的特征，具体到应用翻译，有如下三个显著特征：翻译策略从文本功能出发，篇章布局按"翻译要求"行事，译文效果与读者期待吻合。

第三节 商标翻译中存在的问题

如今，商标已经渗透到生活的各个方面，商标翻译的优劣也影响着人们对产品的直观认识。好的翻译以加深消费者对产品的印象，刺激购买欲望。相反，不准确、不符合产品特性的商标翻译则会直接影响到产品在消费者心中的形象，而导致产品的滞销及其他不良后果。所以，应认真对待商标翻译中存在的问题（刘彦哲，张文艳，2010）。

一、汉语拼音式翻译

从具体的翻译实例来看，许多本土品牌产品名称的翻译大多采用汉语拼音式翻译。但根据实践检验，这一翻译方式已越来越不适应当今世界的全球化趋势。因为，汉语拼音与英语的音位规则和读音规则存在着一定差异，会造成读者理解困难，不易被外国消费者接受。例如：中国品牌"永芳"珍珠膏，起名"永芳"意为永远芳香，从而给消费者留下良好的印象。但根据汉语拼音而译的英文名称——YongFang 对外国消费者来说毫无意义可言，也不易让人记住。经过斟酌，可译作 YUFRAGRA。

二、直译式翻译

翻译中即使原文中的每一个词在译文中都能用"对等词"译出来，也不一定能保证对译文读者所起的作用能同对原文读者所起的作用一样，因为译文读者往往用自己的文化观念来理解品牌名称的内容。因此，有些品牌按照字面意思生硬地翻译，看似达到了对等，实质上却由于对不同文化词语的内涵缺乏了解，及对外国文化不熟悉造成的信息传递障碍，而达不到预期的传播效果。一个典型的例子是法国化妆品品牌圣罗兰曾经推出的名为 OPIUM 的男用香水，在中国上市就受到强烈抨击和抵制，原因是 OPIUM 直译为中文是鸦片的意思。圣罗兰本想利用鸦片的诱惑力引诱中国男士用此香水，但由于其对中国文化和历史不了解，忽略了鸦片给中国人民带来的沉重灾难和精神创伤，故这一款香水在中国的销售状况惨不忍睹。

第四节 中外商标翻译具体策略

一、音译法

音译法（transliteration）是指在不违背目的语言规范和不引起错误联想或误解的情况下，按照原语商标名称的发音，找到与之语音相近的汉语字词进行翻译的方法。这种方法主要适用于人名、地名等专有名词命名的商标名称。此种方法在商标的英汉翻译中是较为常用的方法，以世界名车"Lincoln"和"Ford。为例，两个汽车商标皆源于人名。而这两个人名又是赫赫有名、家喻户晓的，因此，将二者直接以音译的方法译为"林肯"和"福特"是最为简单和富有成效的方法。而"Jeep 和"Mazda"也由此种方法分别译为"吉普"和"马自达"。

二、意译法

由于中国和西方在价值观方面存在着诸多不同之处，在某些情况下如果把商标直译过来可能会失去原商标本来的含义，甚至可能会使消费者产生错误的认识，影响产品在市场上的销售。针对达种情况，在翻译过程中可以采用意译法，以突显产品的性能，让消费者去信任该产品，并激发他们的购买欲望。例如："Mr. Muscle——威猛先生"，"Feather——飞逸"，"Dutch Lady——子母（奶粉）"，"Rejoice——飘柔"。这些商标的翻译巧妙地突出了商品的特色，无形中起到广告效果。

三、音意结合

虽然音译、意译商标是惯用的手法，但大多数情况下，最好采用音意兼顾的方式，力求译名给人以鲜明的视觉印象，以便激活人们的联想，产生购买欲。这种音意结合法是商标名称翻译较为理想的选择。因为这种方法不仅能从形式上再现原名称的发音美，在内容上也能体现产品的内涵。例如，强生推出的化妆品品牌——可伶可俐"。不仅读音与原品牌名称相似，同时选用的英语词汇 CLEAN （干净）和 CLEAR（清透）也凸现了化妆品的特性，让人联想到一张干净清爽的脸庞。还有法国著名护肤品牌——Biotherm，被译为"碧欧泉"，其卓越的销售业绩与其成功的品牌名称翻译是密不可分的。其护肤品成分的原料取自法国南部山区的矿物温泉，因此温泉无疑是该品牌最大的与众不同之处。Biotherm 将品牌的内在精髓表现得淋漓尽致：Bio，意为皮肤的生命，therm，是指矿物温泉 Biotherm 展现了品牌申人类科技与大自然的美丽融合。翻译巧妙地抓住这一特性，"碧"字给人以清爽的感觉，"欧"宇表明它的产地在欧洲，而"泉"字则意味着护肤品的原料取材于矿物温泉。这可谓是音译与意译完美的结合。

第五节　小结

商标翻译一直是翻译领域的一个热点。国外翻译理论众多对商标翻译有一些指导意义。国内本土化的应用翻译功能论对商标翻译更具实践指导作用。商标翻译主要问题为汉语拼音式翻译和直译式翻译过多。商标翻译常用方法包括音译法、意译法、音意结合法等。

第六章 中外汽车品牌商标命名

现代社会，商标品牌无处不在。一种好的商品必然有一个极具个性的商标和品牌；一个驰名商标和品牌必然对商品的行销产生极大的促进作用。这在世界汽车行业内表现得尤为突出。以大众汽车集团为例，大众集团成立于 1938 年，总部位于德国沃尔夫斯堡，是欧洲最大的汽车公司，也是世界汽车行业中最具实力的跨国公司之一。2004 年，大众汽车集团向全球消费者共销售汽车 500 万辆。集团目前拥有 10 大著名汽车品牌：大众汽车（德国）、奥迪（德国）、兰博基尼（意大利）、宾利（英国）、布加迪（法国）、西雅特（西班牙）、斯柯达（捷克）、大众汽车商用车（德国）、保时捷（德国）、斯堪尼亚（瑞典）。其在世界汽车产业中极具代表性。因此，研究解析其汽车商标品牌命名来源，可以了解商标品牌背后隐藏的特定历史文化、宗教信仰、日常风俗、生活习惯以及价值观念。总结著名汽车商标品牌的命名方式，解密其隐含的美学特征，对中国汽车产业发展壮大，以及了解西方语言和文化皆大有裨益。

本章以汽车商标和品牌为对象，研究商标和品牌命名的来源并从审美角度揭示其文字文化内涵，故可以把商标和品牌视为一体。

第一节　中外汽车商标品牌命名主要来源归类

下面先简介汽车商标品牌命名，然后再进行研究。

一、中外汽车品牌概览

在研究汽车品牌名称之前，我们必须首先对世界各地的各种车辆进行搜集和了解。每个物种都有自己的商标，只有对汽车产品有了具体的了解，我们才能更好地理解商标。这些理解包括机动车商标的含义和汽车商标的使用。笔者用三个月的时间访问相关汽车网站，收集国内外汽车信息，现在简述主要知名的汽车品牌。以下是根据其中文名称的第一个字母排列的汽车品牌。

A	G
Audi 奥迪	GACMOTOR 广汽传祺
ALFA ROMEO 阿尔法·罗密欧	GACAION 广汽埃安
Aston Martin 阿斯顿·马丁	GOROS 观致汽车
ARCFOX 极狐	H
ANCHI 安驰	红旗
ICONIQ Motors 艾康尼克	HAVAL 哈弗
B	海马
Benz 奔驰	HUMMER 悍马
BYD 比亚迪	华泰
BMW 宝马	哈飞
HONDA 本田	HOLDEN 霍顿

BUICK 别克	J
PORSCHE 保时捷	GEELYAUTO 吉利
BAOJUN 宝骏	Jeep 吉普
BENTLEY 宾利	JAC 江淮
Pininfarina 宾尼法利纳	JAGUAR 捷豹
PEUGEOT 标致	JETTA 捷达
奔腾	GEOMETRY 几何汽车
brussel-anderlecht 布鲁塞尔－安特列希特	JMC 江铃
Bugatti 布加迪	KINGLONG 金龙
C	K
CHANA 长安（轿车）	Cadillac 凯迪拉克
长城	COWINAUTO 凯翼汽车
CH 昌河	KARRY 开瑞
D	Chrysler 克莱斯勒
DFM 东风	KEDE 克蒂汽车
EMGRAND 帝豪	L
Dodge 道奇	LEXUS 雷克萨斯
VOLKSWAGEN 大众	Lincoln 林肯
Daihatsu 大发	LAND-ROVER 路虎
DACIA 达契亚	LYNK&CO 领克
F	Rolls-Royce 劳斯莱斯
Toyota 丰田	LI 理想汽车
Ford 福特	Lamborghini 兰博基尼
FOTON 福田	SUZUKI 铃木
Ferrari 法拉利	RENAULT 雷诺
FIAT 菲亚特	LOTUS NYO 路特斯
LUMMA 房曼	TOURIST 拓锐斯特
猎豹汽车	W
M	VOLVO 沃尔沃
MAZDA 马自达	WULING 五菱汽车
MASERATI 玛莎拉蒂	蔚来
Mini	WEY 魏派
MG 名爵	ISUZU 五十铃
Mclaren 迈凯伦	威马汽车
MAYBACH 迈巴赫	RELY 威麟
Mansory 迈莎锐	VAUXHALL 沃克斯豪尔
MORGAN 摩根	X
N	HYUNDAI 现代
哪吒汽车	CHEVRDLET 雪佛兰
LUXGEN 纳智捷	CITROEN 雪铁龙
O	X 小鹏
ORA 欧拉	EXEED 星途
ACURA 讴歌	SEAT
OPEL 欧宝	Y

P	INFINITI 英菲尼迪
Polestar 极星	IVECO 依维柯
Q	SAAB 萨博
CHERY 奇瑞	Ssangyoung 双龙
KIA 起亚	T
VENUCIA 启辰	TESLA 特斯拉
R	TANK 坦克
NISSAN 日产	一汽
ROEWE 荣威	YEMA 野马汽车
Refine 瑞风汽车	FARIZON AUTO 远程汽车
S	YUDO 云度
MAXUS 上汽大通 MAXUS	LARK AUTO 云雀汽车
Mitsubishi 三菱	Z
SKODA 斯柯达	智己汽车
SUBARU 斯巴鲁	中兴
思皓	Z 众泰汽车
SERES 赛力斯	VGV
SWM 斯威汽车	中国重汽 VGV
SRM 鑫源	华晨中华
smart	ZD 知豆

以上汽车品牌信息来自汽车之家网站（https://www.autohome.com.cn/car/#pvareaid=3311275）。

二、中外汽车品牌命名来源分析

经多方查找资料，中外汽车商标品牌的命名来源大致可归纳如下：

（一）人名

此处所及的汽车商标品牌名包括公司创始人姓名、源自人名的公司名、西方神话传说中的人名、部落名。以公司的创始人命名的著名豪华品牌有：BENTLEY（宾利）、Bugatti（布加迪）、PORSCHE（保时捷）等。其中英国皇室御用的豪华汽车品牌——宾利，就是取自其创始人华特·欧文·宾利（Walter Owen Bentley, 1888-1971 年）。"To build a fast car, a good car, the best in its class."（要造一台快的车，好的车，同级别中最出类拔萃的车。）这曾是创始人华特·欧文·宾利最初所秉持的追求极致卓越的造车理念。宾利车标线条简洁圆滑，如雄鹰振翅高飞。中间的字母"B"为其品牌创始人 Bentley 名字首字母，这令宾利汽车彰显帝王般的尊贵气质，同时展现纪念设计者的意味。

保时捷（Porsche）是一家德国汽车生产商，又叫波尔舍，总部位于德国斯图加特，是欧美汽车的主要代表。主要有 911、Boxster、Cayman、Panamera、Cayenne、Macan 等车型。其造车理念为只造"造型完美时，性能就会伴随而至"的"纯种跑车"。

林肯汽车最早于 1917 年美国人亨利·利兰（Henry Martyn Leland）成立的一家生产 V12 飞机发动机的公司，生产出于对已故林肯总统的敬意，把商标命名为"林肯"。 借助美国第 16 任总统的名字亚伯拉罕·林肯的名字来树立品牌象，显示其为顶级轿车。

以前国内以创始人名字命名汽车商标情况很少见，这可能与中华民族性格谦逊内敛有关，同时可能还与国内民族汽车工业发展时间较短有关。

可喜的是，WEY 派，中国长城汽车公司第一款以长城汽车创始人魏建军（Jack Wey）的英文姓氏为商标名的豪华 SUV 品牌已诞生。

（二）地名

此处汽车商标名所涉及的地名包括风景名胜地名称。如 Bentley Mulsanne（宾利慕尚）等。Bentley Mulsanne 以法国勒芒赛道的传奇性弯道（Mulsanne）命名。

东风日产楼兰的英文名——MURANO，源自位于意大利东北部威尼斯附近的 Murano Island（穆拉诺岛），闻名于世的是其精致的玻璃制品，由手工雕刻而成。

斯柯达品牌的 KODIAQ（柯迪亚克）来源于北美地区阿拉斯加州第一大岛屿——Kodiak，岛上山峦叠嶂、地貌奇特。而在柯迪亚克问世之后，这个岛屿也把自己的名字改为了 Kodiaq。

还有阿尔法·罗密欧旗下品牌。Stelvio 是意大利北部与瑞士南部接壤的 Stelvio 国家公园里的一条盘山路，它的海拔有 2757 米，一共有 48 个发卡弯。通常情况下，SUV 车型难以想快速并安全地通过这条盘山路。而阿尔法罗密欧给这款 SUV 起这个商标名字的用意就是自信，显示其 SUV 的性能卓越。

韩国现代汽车途胜英文名 TUCSON 原为美国亚利桑那州的一个城市名

字，TUCSON 市四季温暖，风光独特，仙人掌漫山遍野、到处可见，还有世界上唯一由白石膏风化所形成的沙漠等等，大自然野性十足。现代汽车把这款城市 SUV 车命名 TUCSON，希望它能消费者体验刺激和独特，通过它，消费者可远离城市的喧嚣，来到野外与大自然紧密接触，人、车、自然和谐共生，展现真我风采。

（三） 西方神话传说中的人名

取自西方神话传说中的人名的品牌有：Phaeton（辉腾）、Sagitar（速腾）、EOS（艾莫斯）、PHIDEON（辉昂）。Phaeton 品牌取自希腊神话太阳神赫利俄斯（Helius）的儿子法厄同（Phaeton），因强驾太阳车而死，也可代指古代一种华美的敞篷马车。Sagitar 源于是希腊神话中的"射手座"，其为智慧、勇武、热情、自由的武士，护卫着是宇宙之王宙斯。在欧洲文化中，射手座象征着崇尚自由、追求速度、充满热情和浪漫情感。大众 EOS 品牌中 EOS 为希腊神话"黎明女神"。黎明女神每天清晨都会驾驶战车，从大海深处而来为人类带来光明。大众汽车如此取名旨在唤起消费者对在夏日清晨晨曦中驾驶敞篷车的无限美妙遐想。PHIDEON（辉昂）品牌中 Phideon 来源于古罗马神话中象征誓约与信仰的女神"Fidēs"。而 Touareg（途锐）这个名字源于西北非的撒哈拉沙漠里的一个游牧民族图阿雷格族（Tuareg），其终日与黄沙为伴，与骄阳为友，以顽强的生命力在茫茫大漠中拓展出一条条生存补给线。

（四）动物名

除了人名之外，大众集团也有一些品牌名源于动物名。其中包括：Beetle（甲壳虫）、Tiguan（途观）、Porsche Macan（保时捷 Macan）、Porsche Cayman（保时捷卡曼）。Beetle 汽车刚诞生时没有自己的名字，在公司内部都是称为"Type1""Type2""Type3"之类的。后来一位英国用户儿子的同学第一次见到那部车时，觉得很像甲克虫，于是，甲克虫的名字就流行开了。Tiguan 来自两个英文单词 Tiger+Leguan 的组合，也就是老虎 + 蜥蜴。大众认为这个名字可以赋予此型 SUV 车如老虎那样强大的力量和蜥蜴般的敏捷。Porsche Macan 中"Macan"一词是源于印度尼西亚语中的"老虎"。Porsche Cayman 是德国保时捷公司所制造的双门跑车，车名源于中、南美洲所产的鳄鱼 caiman/cayman。除此之外驰名的还有捷豹品牌。

国内汽车品牌中以动物命名的有长城集团哈弗动物系命名，包括赤兔、大狗、黑猫、白猫、好猫等。"赤兔"寓意为宝马良驹。"人中吕布，马中赤兔"，有万里挑一的涵意。黑猫、白猫、好猫：源自"不管黑猫白猫，抓到老鼠就是好猫"的这句话，至少在传播上，在过去几十年已经被传播了几十亿甚至几百亿次，这三款车的名字是长城欧拉品牌拥有得天独厚的优势，很难有哪个品牌花巨钱短时间内可以得到的传播效率。"哈弗大狗"这个名字经全球征名而来，"大狗"商标命名者命名理念为："现在的车名要么是星空宇宙，要么是天神猛兽，我只希望它是我的一条忠犬，能陪我柴米油盐，也能陪我诗和远方，能陪我潮流炫酷，也能陪我偶尔撒野，这才是一款车该有的样子"。这一观点引起了众多网友的共鸣，许多网友在评论区表示，对年轻人来说，车应该是伙伴，自己想要的就是这样一辆车。

（五）自然现象名

德国大众汽车公司特别善于借用自然现象，尤其是各种风来命名汽车并使之成为商标品牌。如Santana（桑塔纳）、Scirocco（尚酷）、Passat（帕萨特）、Jetta（捷达）、Bora（宝来）、Polo（波罗）Golf（高尔夫）等。Santana原为美国加利福尼亚州一山谷常刮的强劲凛冽的类似"科罗拉多"的旋风，大众汽车公司借用其命名汽车商标，寓意此型汽车像桑塔纳旋风一样风靡全球。Scirocco在德语里指西洛可风，一种非洲大陆撒哈拉沙漠吹向地中海的大风，也被大众借用作汽车品牌名。还有Passat，在德语中这个词指北半球低层大气中由副热带高压南侧吹向赤道附近低压区的大范围气流的信风，人们借助它的稳定方向和出现时间建立起大航海时代发达的全球贸易，被大众汽车公司借用作汽车商标名，寓意此车质量稳定高端，可把乘客送达目的地，永不偏离方向。Jetta 源自大西洋高空急流的德文拼法 Jetstream。Bora 在德语里这个词指亚得里亚海的布拉风（bora scura）。Polo 取名于极地气旋的德语拼法 Polarwirbel。此外，Golf 取自墨西哥湾流的德语拼法 Golfstrom，和高尔夫球运动没有关系。

（六）一般词汇

应用一般性词汇作汽车商标品牌名可为设计人员提供几乎无限的创造性和选择余地。这类商标用间接暗示的方法实现商标品牌命名的广告效应。这些词语往往具有美好的寓意，提示商品的高品质并给人留下积极向上的美好印象。所以这些词被借用来命名汽车商标品牌名。在大众集团，也不乏这样的例子。如下面所列的汽车商标名均来自普通词汇：宾利旗下的 Flying Spur（飞驰）；Continental（欧陆）、上汽大众下的 T-cross。Flying Spur 中 Flying 代表飞，Spur 指马刺、靴刺，还可以做动词，尤指用马刺策马加速，整个品牌命名给人带来策马加鞭，飞驰电掣，勇往直前的美好意境，恰如其分地起到了广告效应。

（七）外来语

一些英语之外的外来语被借用来进行汽车商标品牌命名，这在大众集团中屡见不鲜。如 Audi（奥迪），Lavida（朗逸）、Lamando（凌渡），Magotan（迈腾）等。Audi 源于德语 horch 在拉丁文文中的对应词"audi"，词义同为"听"。作为上海大众推出的一款全新 A 级车，LAVIDA（朗逸）在命名上可谓寓意深远。 Lavida 源于西班牙语里"la vida"，意思是指"生活"，表示生命、生活和希望，代表着奔放动感的生命力与乐趣横生的生活形态，宣扬由内而外迸发的生命潜质，以及向着美好生活大步前进的激情和动力。Lamando 源于西班牙语中的"Mandar"，意为"指挥、管理、引领与启示"之意。Magotan，来源于拉丁文词根 "Magnus"，意义是"出众的、高贵的、权威的，受人尊敬的"。在 Sharan（夏朗）中，Sharan 是波斯语，指国王的御辇，亦指皇帝乘坐的车子，暗示驾驶或乘坐 Sharan 品牌车，就像国王或皇帝一样那样威严气派。

（八）缩写

一些商标品牌以单词的首字母缩写形式命名，这种命名方式可是原来冗长的名称精简，利于商标品牌的传播。在大众集团中，典型例子有 Continental GT（欧陆 GT）、Continental GTC（欧陆 GTC）、Audi A3 等。GT 是意大利语 Gran Turismo 的缩写。GTC 是 Gran Turismo Cabriolet 的缩写，欧陆 GT 的软顶敞篷款。A3 中的 A 是 Audi 的缩写。

（九）系列数字

在汽车产品商标品牌名中包含系列数字也很常见。其中最具有代表性是 Audi（奥迪）品牌中 A1，A2，A3，……系列与 Q1，Q2，Q3，……系列。Audi 公司以英文字母 A 和 Q 打头，后面加数字命名产品。一般数字越大表示品牌越豪华，价格也越高。

这在国产品牌中也成为一种惯例，如长城集团的"哈弗"系列已经从 1 排到 9，上海汽车集团的荣威 RX3、RX5，广州汽车集团的传祺 GS3、传祺 GS4 等。

（十）臆造词汇

这些商标品牌词是人为臆造出来的，根据商品的特点、性能和用途，利用各种构词方法和理据，结合语言、文化、心理、美学等因素创造出新的词汇，作为商标品牌名。这种命名方式在大众汽车集团中很常见。如，Teramont（途昂）、Tiguan（途观）、MAXUS（迈克萨斯）、TAYRON（探岳）、Viloran（威然）、TACQUA（探影）、Bentayga（添越）等等。在Teramont 品牌中，"Tera"是广袤无边的大地，"Mont"是巍峨雄伟的山脉。Teramont 集山川的豪迈气度与大地的宽广胸怀于一身，把内外兼修演绎到极致。在 Tiguan 品牌中，命名人将 Tiger 和 Leguan 这两个单词进行了拼凑，截取 Tiger 的前半部分和 Leguan 的后半部分，组合成 Tiguan。MAXUS 是由 MAX 与 US 的结合而成，MAX 代表宽广，US 代表每一位用户。探岳的英文名 TAYRON，是在 Tiger 和 Iron 的结合基础上改造得来。

（十一）朝代名

在这方面，国产汽车比亚迪开创了汽车起名的先河，用历史朝代作为品牌系列车型的名字，朗朗上口。目前比亚迪旗下夏、商、秦、汉、唐、宋、元七个系列均有车型上市或曝光。

　　汽车商标品牌命名的来源当然不仅限于以上所列几种，在研究过程中只有运用各种理据探究其来源，才能更好地解读汽车商标品牌文化，欣赏其语言、文化之美，以便促进汽车工业发展和服务于社会。

第二节　中外汽车品牌命名美学特征

　　商标品牌命名是基于商品特征的一种语言艺术创作，涉及语言、文化、心理、营销、美学等因素，其中语言审美就要求语言使用要符合审美规范。语言审美涉及许多相关理论，下面仅从许渊冲的"三美论"来对汽车商标品牌命名的语言美学特征加以分析。

一、翻译美学"三美论"

　　我国著名翻译家许渊冲先生提出的"三美论"是我国当代翻译美学理论的重要组成部分。他认为诗歌翻译应遵循"三美"原则，强调诗歌翻译在忠实于原文之外，还应做到"音美""形美"和"意美"。这些原则也适用于商标品牌命名。

　　那些可以有效吸引消费者的商标品牌名的共同特征是读起来朗朗上口、容易记忆、辨识度高，具有语音美、意境美和形象美。[2]

　　基于"三美"原则，可以发现遵循美学特征进行命名商标品牌能更好地实现其商品广告功能。这在竞争白热化的汽车产业中表现得尤为突出。

二、中外汽车商标品牌命名美学特征

为了吸引目标客户，扩大销售量，追逐巨大商业利润，汽车生产商在商标品牌命名时力求赋予独特的美学特征。其语言美学特征主要展现在三个方面：语音美、意境美、形象美。

（一）语音美

语音美是指商标品牌名读起来节奏明快、朗朗上口，听起来抑扬顿挫、悦耳动听。商标品牌名在语音层面的美主要通过音韵来实现，其主要手法是谐音（pun）、押韵（rhyming）、凸音（standing-out sound）等。这些美学特征在大众汽车商标品牌中也有所体现。GOL品牌就采用了谐音：gol在葡萄牙语里这个词指进球，相当于英语的goal。作为巴西大众的合资自主车型，可想而知，起这个名完全符合足球王国广大民众的心理需求，为GOL成为最适合巴西市场的车型取得连续16年保持巴西销量冠军殊荣来说，其精准的命名可谓功不可没。大众Polo品牌多年来畅销全球，除了定位、质量、外形等因素之外，命名时巧妙应用元音韵也是做出了重要贡献。另外，大众品牌命名时大量使用凸音手法加强音律美，如Jetta、Bora、Santana、Lavida，等，突出响亮开口元音，是品牌说得顺口、听得悦耳，增强感染力。

（二）意境美

商标品牌名的意境美主要体现在其命名能折射出该产品的品质和性能，体现其价值与品位，同时命名寓意丰富，使消费者产生精神层面的联想和愉悦之感，自然而然地心生亲切感。大众汽车在这方面可为典范。其中突出品牌包括 T-Roc（探歌）、Teramont（途昂）、Viloran（威然）、MAXUS（迈克萨斯）、Bentley EXP-9F 等。T-Roc 中的 T 源自 Tiguan（途观）和 Touareg（途锐），代表 SUV 家族属性，Roc 则源自 Rock （岩石），以突出其作为 SUV 的通过性能和力量感。Viloran 中前四个字母取自英语单词 Villa（别墅）与 Velour（天鹅绒），ran 则取自 grand（盛大、庄重）。由此可见此命名紧密契合其品牌豪华商务的身份，透露着一股大气稳重的气息。Bentley EXP-9F 中 EX 无疑会令人联想起 "excellent"（优秀的、卓越的）和 "excel"（超越、胜过）等意义，凸显了商品的品位和性能，这正是命名者希望达到的目的。

（三）形象美

商标品牌名的除了语音美、意境美之外，还要力求形象美。语音美美于听觉，意境美美于心境，而形象美美于视觉。[3] 一个集音、意、形之美于一身的商标品牌名，无疑会给消费者带来一场美妙体验。常用的形象美制造方法包括使用缩略形式，Audi A3、Audi Q3 及 Continental GT 等，带来节奏明快且简单明了的感觉；此外还有文字的巧妙组合，如 Polo 中的两个 O，就如同人的两只大眼睛。这样的商标品牌名可造就引人注目，易于记忆的广告效能。

第三节 中外汽车品牌名称的语言特征

汽车品牌名称的语言分析主要包括三个方面，即语音、语义和修辞。

一、语音特征

人们对"美"的事物的认识源于事物本身所体现的美以及事物曾给人带来的以美的体验。汽车品牌语言读音要抑扬顿挫、韵律和谐，还要音节数量恰当，易读易懂。语音作为物质外壳是语言语义的载体。汉语的语言结构深受民族文化思维的影响和制约，体现在汽车商标音节，使得汽车品牌名称语音特点明显。在国内中文汽车商标品牌中，双音节的品牌名称最多，占全部名称的四分之三，以偶数为主的双音节与四音节的品牌名称，占总数的80%以上（蔡敏，2017）。

原因有二：首先，心理学原理提示我们2-4个音节符合人们的记忆强度，音节过少或过多都不利于记忆，汽车品牌基本不选择或极少选择单音节或五、六音节作为品牌名称。其次，国产汽车品牌名称双音节化明显，表现为以偶数音节为主，这既符合双音节化趋势，有符合韵律特征，同时还顺应中国的传统文化人们习惯以偶数作为吉祥的象征以及"好事成双"

文化传统。

在外国汽车品牌名称中，双音节的数量总数的 50% 以上，另外三音节约占总数的 33%。其原因为对外国品牌商标采用音译较多，在翻译过程中有时双音节词难以满足语音需要，只好采用三音节词。同时外国汽车品牌意译名称主要是双音节。

二、中外汽车商标语言语义分析

语义特征语言学上的一个重要部分。语义浓缩着品牌语言传递的文化内涵，是对品牌所带表商品或服务信息的高度概括。汽车品牌名称除了具有独特的语音特点外，独特特征也体现在语义方面。

通常情况下，品牌名称注重审美与意境，常用可以引发人们联想的词语。这些词语以语义为基础，建立与人们已有的知识的连接，从而引发新的联想使消费者感知品牌信息。汽车商标品牌语言一个特质就是可以让人们产生正面语义联想。

（一）汽车品牌名称中的语义联想

对收集到的汽车品牌名称进行分析，可以看出其语义联想涉及到以下几个方面：

1）对动物、植物特征的语义联想

从汽车的外形和功用上来看，很多汽车的制造灵感来源于动物。汽车品牌名称中大量以动物名称命名，这些健壮的动物象征力量与速度，能够引发人们的有益联想。比如，猎豹速度极快，以"猎豹"命名汽车，突出了该品牌具有汽车速度快、性能高的特点；老虎，百兽之王，性格凶猛，力量强劲，以此为汽车命名，突出汽车动力强劲。如路虎（LAND ROVER），路虎公司生产四驱车，也是著名的英国越野车品牌。路虎曾在中国大陆翻译成"陆虎"（香港地区称之为"越野路华"），在"LAND ROVER"未正式在中国销售前，国人一直翻译成"陆虎"，现在依然有坚持使用，可见其品牌特点深入人心。

以植物为名品牌多也可引发人们的美好联想。在中国，"出淤泥而不染，濯清涟而不妖"的莲花被视为圣洁之物。埃及的神话里，它是寺庙廊柱的图腾，为人们膜拜。莲花的高贵品质，使得以莲花命名的汽车品牌，既突显了驾驶者的高贵身份，也彰显了汽车的品牌文化。

2）对自然界现象产生的语义联想

风、浪、海、雷等自然事物千姿百态，代表自然界强大生命力，汽车品牌名称中存在大量以自然界现象为名的品牌，比如旋风、陆风、欧风、雷驰等。用"风"为汽车命名，使将车名与风相联系，让消费者联想汽车行驶速度如风般飞快。以"星"命名的品牌名称，如斯巴鲁，其企业标志是昴宿星团的六连星（昴宿为按照中国古代的星座划分方法的星座名称），并且还是斯巴鲁汽车标志，给人足够的想象和浪漫情怀；以"景"字入名，比如吉利集团的"远景"等，也可以令人想象丰富。

3）对美好事物的语义联想

美好的事物总是稍纵即逝，可遇而不可求，人们总喜欢把它保留脑海中并时常回忆和畅往。如"极光"，一种罕见自然现象，一年仅能看见一次。以它为汽车品牌，展现汽车的宝贵与难得。如，"路虎揽胜极光"。玛莎拉蒂全新中型 SUV 车型 Grecale 命名来自于一种风，即西地中海和法国南部的狂风，代表着玛莎拉蒂 SUV 的速度与激情。

4）对地名的语义联想

汽车品牌命名中的地名，多为汽车产地，有一定纪念意义。这种命名方式方便人们认识与了解此品牌汽车，部分以地名品牌名称，本身就蕴含一定的文化气息，从而增强了汽车品牌的诗情画意。如"江南""楼兰"、别克品牌的"林荫大道"等。以"北京"命名的汽车品牌，本身除了作为政治中心和高科技中心，在人们心中占据极高的地位，此命名可大大增加人们对汽车质量和品牌的肯定。

5) 对特殊事物的语义联想

一些特殊事物往往有特殊意义或寄托着人们美好愿望。无论这些事物本身是否存在，因其意蕴美好也受到消费者亲睐。

如长城，人类最伟大的建筑之一，以长城命名汽车品牌，首先会使人们联想到品牌历史悠久，并且是中国汽车品牌代表，而长城的恢弘气势联想到汽车的高能性端与强大动力。此类品牌名称还有"解放""东风"等。"解放"时期是中国的特殊时期，"解放"一词有着特殊的含义，以此命名，必然引发人们对那一段历史的的联想，这也增强人们对民族汽车品牌的自豪感和亲切感。运用这些语言命名商标名称，增强了品牌名称的特殊文化内涵，并且赋予品牌特征联想，促进了品牌的长远发展。

人们一直有对自由精神的向往，这种现象也被利用到汽车商标命名中。汽车作为一种交通运输工具，主要功能运送人和货物，为人们带来自由与便利，由此出现了大量诸如 Jeep"自由光""自由侠"的品牌名称。以此为汽车品牌命名，既符合汽车自身特点又能引发人们对自由的向往，增进人们对汽车品牌好感。

Jeep®

（二）汽车品牌名称中的色彩义

词义一般分为理性义和色彩义两种。前者指词义中与概念义有关的部分；后者指的是人或语境所赋予的特定感受，包括感情色彩、语体色彩和形象色彩。品牌名称更多的内涵是通过色彩义的表达而实现的。我们主要分析汽车品牌名称反映的感情色彩与形象色彩。

1）感情色彩

感情色彩指表达说话人对事物的赞许或厌恶等感情，包括褒义、贬义和中性三种色彩类型。绝大多数汽车品牌名称选取的是褒义色彩和中性色彩的语词，这样既可以正向引导消费者，又可以降低人们对语词不恰当理解造成麻烦的可能性。

汽车品牌名称使用中性色彩语词较多。一方面，从命名理据上看，汽车品牌名称中大量使用动植物、人物以及自然现象等事物来命名品牌名称，这些大都属于中性词；另一方面，汽车品牌名称中用大量无实际意义的普通词，这些词语本身也不存在某种语义倾向，属于中性词。

褒义词含有赞赏、褒扬、喜爱与吉祥等感情色彩意义。汽车品牌名称也用许多褒义词，目的是传达出商品良好的性能与功用，给消费者留下正面、深刻的印象，增强人们的消费体验。如国产汽车品牌名"吉利"就表达出了一种美好的愿望；外国汽车品牌的韩国现代"美佳"（Matrix）汽车中文商标译名是一个恰当的例子。

2）形象色彩

形象色彩指依附于理性意义上的感性印象，由联想与想象形成，对所描述事物的形象性有增强作用。汉语中大量修辞手法的基础是汉语实词形象性。汽车品牌名称的形象感多以视觉形象展现出来，视觉形象感的词语多为形容词和名词。而汽车品牌名称属于名词，多为偏正式，所以汽车品牌名称以视觉形象展现出来伴着较浓厚形象色彩。

汽车品牌名称的形象色彩主要包括形态、动态和颜色三种。

形态，指有些词的意义能够给人提供具体形象，如"甲壳虫""翼龙"等。甲壳虫顾名思义是一种生物，特征是带有厚重外壳，与汽车外形类似，以此为汽车命名，显然会大大增强消费者对汽车外形的认同感。而动态是指能使人产生动感意象的词语，在汽车品牌名称中，存在着大量以动物命名的品牌，如"起亚狮跑""丰田亚洲龙""哈弗大狗""奇瑞瑞虎"等。通常情况下，它们会带给人强烈的动感，令人联想到汽车的速度，有动作快、行为敏捷之感。

汽车品牌名称中有少量表示颜色的词语，多为可带来鲜明的色彩感，

从而使人们产生联想。比如"日产蓝鸟""猎豹黑金刚"。蓝色会使人想象到天空的蓝、海水的蓝，但都是给人以宁静、清晰之感；黑色则会给人以凝重、深沉之感，以此为汽车品牌命名，则可以很好地传达出制造商寄予在汽车品牌中的理念。

三、中外汽车品牌名的修辞特征

恰当使用修辞可使汽车品牌名称淡化品牌名称本身的客观描述性，降低生硬感，增强生动意象，从而提高品牌名称的广告宣传作用。同时，使用修辞也可增强汽车品牌名称体现的时代性与创造性，使得汽车品牌名称得以多元化发展。

在汽车品牌名称中常用修辞手法主要有：比喻、拟人、夸张、引用、模仿和借代。

（一）比喻

比喻，俗称打比方，指用本质相同的事物比喻另一事物，从而取得心理上的类化效果。运用比喻的手法，描述事物可以更加生动和形象，激发人的联想和想象，提高感知能力。

汽车品牌名称多使用比喻，可比喻汽车的快捷，比如"野马""宝骏""狮跑""路虎"等。

也可比喻汽车品牌的高贵，比如以"皇冠""千里马""名爵"等名贵的事物为汽车命名，既凸显汽车的高贵品质，又暗暗赞扬消费者的高贵身份。比如，皇冠是王室的象征，以皇冠命名，提升了产品的高贵品质；用莲花命名，赞扬了消费者出淤泥而不染的精神。

（二）拟人

拟人指把物当作人来描述，使物具有人的思想、感情以及动作、神态等。运用拟人手法赋予汽车以人的思想，深化了汽车商标品牌的内涵，激发消费者的共鸣。

汽车品牌名称使用拟人化命名比较多，尤其在外文汽车品牌名称中更为常见。

路虎发现（Discovery）是路虎品牌旗下的一款越野车。路虎一直标榜为纯种越野车，其非承载式车身是其自豪的强悍越野能力的支持。其简洁的设计、多功能性和出色的驾驶体验会带来更让人信服的感受。其公路行驶性能和越野表现都是无与伦比的。"路虎发现"利用拟人的手法表明了汽车的品质，消费者开着"路虎发现"就如同与一个向导同行，它可以引领到所有向往的目的地。以此作为汽车品牌名称，既表明汽车的沉稳、功能强大，还突显消费者的自信。

除此之外，还有许多汽车品牌运用拟人手法，把人具有的品质赋予汽车品牌之上，借此来突显汽车的性能。如，Jeep名下的"指南者""指挥官"则利用其为先进性的代表，凸显品牌技术的前沿性；"自由侠"则表现出品牌倡导的思想理念，迎合当代人的对自由精神的追求。

（三）夸张

夸张是指出于表情达意的需要，对描述的客观事物有意夸大或缩小。虽然夸张违背客观事实，但追求的是艺术的真实。它依据客观事实，突出事物的本质与特征。通常情况下，汽车品牌命名过程中运用夸张手法可在速度方面进行夸张描述，如"本田飞度"（FIT）、"东风风行"等。"丰田陆地巡洋舰"（Land Cruiser）的命名则在外形描写方面应用了夸张手法。这些使用夸张修辞手法的品牌名称激发了消费者的想象力，增强了语言的生动性和艺术性。

（四）引用

引用是指引用成语、诗句、典故等表达出自己所要表达的思想感情，说明自己的观点与见解等。汽车品牌名称中运用引用修辞手法的包括"阿尔法·罗密欧"。阿尔法·罗密欧本是莎翁笔下一英俊少年，有一段可歌可泣的爱情故事，其形象深入人心。以此为名的汽车品牌商标，同样唤起消费者的浪漫情怀。

（五）仿词

仿词指为了表达的需要，更换现成词语中的个别词语，临时仿造出新词语的一种手法。汽车品牌名称中有着大量品牌名称应用了仿词修辞手法。这种手法使汽车品牌名称生动、活泼，有内涵。此类常见的的汽车品牌名称有"斯柯达昕动"仿造于"心动"，"斯柯达晶锐"仿造于"精锐"，"广汽传祺"仿造于"传奇"等。

（六）借代

借代是指不直指明某人或某事物的名称，而借同它相关的名称去代替它。在汽车品牌商标命名中其借用的名称主要包括人名、地名、自然现象名等。如借美国总统林肯（Lincoln）、法国贵族凯迪拉克（Cadillac）为汽车命名，突显汽车品牌档次的高贵。 此外，像以克莱斯勒（Chrysler）、道奇（Dodge）、法拉利（Ferrari）这些以汽车创造者名字来命名汽车品牌商标，都是借用的经典范例。还有以地名和名山大川命名的品牌名称，多是汽车的生产地或具有名气很大广为人知的地方，多用来凸显汽车的某种特质，比如"北京""长安"分别是北京汽车和长安汽车生产地；"黄海""松花江"等都是中国著名的水域和大河；美国的林荫大道（Park Avenue）位于世界商业与金融中心纽约曼哈顿的一条中心街道，已成为影响美国乃至全世界，最具代表性的繁华商业街，一些声名显赫的标志性建筑如：帝国大厦、洛克菲勒中心，都位于大街附近。众多知名金融机构、大型跨国公司总部（如花旗银行、摩根大通、菲利普·莫里斯公司）也都位于该大街两侧。"林荫大道Park Avenue" 已成为实力、荣耀、生生不息的代名词。以借此为汽车品牌命名，代表了该型汽车兴旺与荣耀，展现拥有者的财富与高贵。

第四节 中国自主汽车品牌命名存在的问题

中国自主汽车生产企业从无到有，从小到大，经历了从模仿到跟随、到创新，经过几十年的发展，一大批自主品牌建立起来。在自主品牌命名中也出现了这样那样的问题。主要有以下几类：

一、缺乏国际视野

中国自主汽车相当一批品牌只有中文名而没有英文名，一小部分品牌拥有中英文名，但却局限于中国人的语言习惯，缺少全球战略眼光。因此，英文名很难被不同文化背景的消费者所理解和接受，甚至因为命名在其他文化中的歧义而对品牌命名产生误解。如奇瑞集团的"东方之子"英文命名为"Oriental Son"，其局限性则很明显，西方潜在消费者会有一种排斥心理，不利于品牌的宣传和营销。

二、缺少体现品牌整体价值

一个品牌的整体价值包括情感价值、社会价值、品牌特性、功能特性四要素，集中体现此品牌的品牌价值。但一些中国自主汽车品牌的命名仅考虑特性和功能价值，只强调产品的功能性。因此，这样的命名角度和方式都具有局限性。

三、频繁更改品牌命名

汽车品牌改名是为了更好地建立沟通，提升品牌价值。一些自主品牌销量下降后就频繁更换品牌名称。但实际上，随便换名并不会立竿见影地实现目的。如本田旗下的高端品牌"ACURA"，它在刚进入中国市场的时候叫"阿库拉"，命名非常霸气且别致。然而为了扩大在我国市场份额，改名为"讴歌"，从那以后销量反而就有些一蹶不振了。因此，我国自主汽车品牌市场地位还不太高，应从多角度多要素塑造品牌价值，而不应简单改换品牌命名。

第五节 小结

一种汽车商标品牌名就代表了一款汽车产品。世界畅销汽车产品的行销与商标品牌名的命名密切相关。本章研究中外汽车商标品牌命名，解析商标品牌名的来源，探究命名方法和规律，掌握其命名美学特征，从语音、语义和修辞三方面分析汽车品牌名称的语言特征，指出中国自主汽车品牌命名存在的问题。这些都为正在飞速发展的中国汽车品牌命名提供了重要借鉴意义。

第七章 基于适应论的中外汽车 品牌商标翻译

在本书的前一章中，我们讨论了中外汽车品牌名称的特点，本章基于适应论研究中外汽车品牌名称翻译。

第一节 汽车商标的翻译原则

在第五章和第六章中，我们阐述了相关的翻译理论、汽车商标命名，那么，汽车商标翻译的目的是什么？在汽车商标的翻译中，明显的目的是为了实现跨文化交流和原始功能及意图信息，从而获得最大的社会效果，吸引更多的消费者购买该品牌汽车。为此，汽车商标本身的翻译应以是否可以促进商品销售为根本原则，这也是汽车商标功能翻译的核心思想。然而，笔者认为除了这一原则外，汽车商标的翻译还应遵循功能对等原则、审美原则和合法性原则。换言之，当功能翻译理论用于汽车商标翻译时，必须掌握这些领域的原则。如果商标翻译违反了这些原则，客户也可以理解这是相关汽车制造商的品牌；但对于汽车制造商来说，这类车辆的许多具体含义无法用翻译的商标充分表达。这样的商标命名是不会令人满意的。

下面简要介绍一下几种对汽车商标有较大影响的翻译理论。

1. 功能对等原则

商标语言有其独特的语言艺术和商业营销能力，结合价值观、民族审美心理、思维方式和社会文化差异，商标翻译不仅要遵循相应意义上的直译，更应该追求功能对等的再创造过程。语言和文化差异决定了原语言接受者和翻译语言接受者的反应不会完全相同，但商标翻译应做到传达这样的信息让两个接受者的反应大致相同。著名运动品牌耐克的原意是希腊神话中的胜利女神，翻译成"耐克"，这将使产品具有这样的联想：强大、耐用、打败敌人并获胜，因此它符合其初衷。德国"BMW"汽车享誉世界，其中文翻译是"宝马"，读者们不禁想到了许多美丽的词语，如万马奔腾、立竿见影、一望无际等。中文商标"宝马"，不仅凸显着该公司在发动机技术方面的领先地位，还结合了该车的商品特性，展示了其卓越的操控性和舒适性的独特风格。"奔驰"汽车还拥有一个名为"卡尔·奔驰"的汽车品牌，这也是奔驰汽车设计师的名字。台湾地区把它翻译成了"朋驰"，有人把它翻译成了"本茨"。虽然这些翻译与原名发音相似，但字面意思无法传达汽车的真实特征。坐"奔驰"（Mercedes-Benz）开"宝马"（BMW）最受中国广大粉丝欢迎。任何类型的产品都有其独特的风格、品质和功用，因此，作为一种营销策略，汽车商标的翻译必须能够反映产品的商品特性，使其具有促销功能。

2. Aesthetic Principles 美学原则

在激烈的全球经济和文化竞争中，一个成功的产品品牌翻译应该是独特的、内容丰富的、具有美感的。因此，商标翻译应遵循美学原则，做到声、形、义的完美统一。

首先是声音甜美。声音甜美是指当你说出商品名时，声音洪亮，节奏分明，富有音乐感。它能让人感到甜蜜和舒适。以日本护肤品Clean&Clear为例，该产品最初是为少女设计的，其中文翻译为"可伶可俐"，这不仅可以利用原名的谐音，而且也正好适合使用汉语双音。它声音清脆，节奏和谐明快，充满音乐感，充分体现了商品是最适合少女的护肤品的功能。大多数英文品牌名称都是以一个响亮的元音开始的（大部分是长元音和双元音），辅音成分易于拼写，并且总是使用头韵和元音押韵，因此品牌名称赋予节奏，比如丰田汽车的商标名称 TOYOTA 发音为 [toʊˈjoʊtə]，很具有节奏和韵味 。

TOYOTA

第二是字体美。优美的字体风格主要是指商标翻译中使用的词语必须具有丰富的意义和优美字形。优美的字体风格是非常重要的美学原则，因为心理学研究表明，人们 80% 以上的信息来源于视觉。在许多外国商品被引入中国之前，商标翻译语言的选择往往慎之又慎。他们选择的汉字所蕴含的意义总是会引起消费者的各种联想和意象。深刻的印象很容易达到宣传目的。当丰田汽车"Camry"品牌首次进入中国大陆、台湾地区、香港和澳门地区时，由于粤语方言的影响，音译是"佳美"。"佳"给人们一个"更好"的联想。另外还可联想到是"佳人"。与"美"有关的有"美人""才子"。"美"也意味着"明亮""美丽""美好"。"佳美"在粤语中发音和英语商标原文几乎万全一样。后来，名字改为"凯美瑞"。"凯美瑞"的寓意更好。"凯"原指军队胜利后演奏的音乐。在宋代诗人刘克庄创作的一首七言诗《破阵曲》中就有"至尊御殿受捷奏，六军张凯声如雷"。古词中"凯"就指军队打胜仗后所奏的欢乐的乐曲。"瑞"最初指的是好兆头或坏兆头，后来专门称为"好兆头"，意思是"吉祥"，意味着幸运。

从上面的例子来看，对于两种不同的翻译，基于语气和形式，后者似乎更容易接受。

最后一个是意美。翻译的商标用语除了音美和形美，还必须同时创造独特的品牌魅力和氛围，这可以激发消费者的想象和联想。比如丰田旗下的"VIZI"（威姿）品牌汽车，造型前卫时尚、古灵精怪，车身短小精悍，再加上其中文商标"威姿"给人"袅娜多姿""姿态万千"的联想，使这款小车深受年轻女性消费者的钟爱。

第二节 典型成功汽车品牌名称翻译的影响因素

成功的汽车品牌的商标翻译不是随随便便得来的，有一些因素会影响着其翻译后的商标是否适应当地消费者的认可和喜欢。下面对这些因素做重点分析。

一、判断成功汽车品牌的通用标准

在我们分析翻译典型成功品牌名称的主要因素之前，首先要明确分析所采用的通用标准。在我看来，最成功的汽车品牌必须广为人知，才能充分发挥其基本功能和目的。为了满足这一通用标准，商标翻译者需要考虑以下具体标准：

1. 汽车品牌名称是否能够凸显汽车的独特优点。

2. 汽车品牌是否有能力从多个角度引发消费者注意，满足不同人群的需求。

3. 汽车品牌是否善于维护其在消费者心目中的良好形象。

4. 汽车品牌是否能激发消费者对目标汽车的购买欲望。

二、汽车品牌翻译成功的主要因素

成功的汽车品牌是经过精心设计、反复提炼并最终生产出来的。通过对大量汽车品牌的仔细研究，发现它们中的大多数都有以下共同因素。

（一）响亮的

一个响亮的商品名字显然能赢得消费者或潜在的注意和欢迎，而且它的受欢迎程度可以使消费者更频繁地重复提及，而频繁的提及会带来高涨的人气。这样，一个积极的循环就开始了，而且可能延续相当长的时间。

（二）好客的

这里的好客指的是容易被消费者或潜在消费者广泛接受和喜欢。具体而言，大多数成功的汽车品牌至少满足了消费者的心理或精神上的需求。因此，这样的汽车品牌是能够轻松获得广泛认可的。

（三）值得记忆的

从长远来看，成功的汽车品牌应该是成功的。因此，它们除了具有吸引力外，还应该令人记忆深刻、难以忘怀。事实上，一个简短的、响亮的、热情好客的汽车品牌一旦成功吸引打动了人们的耳朵和眼球，这就获得初步的成功。

毫无疑问，以上就是从典型例子中总结出来的成功的汽车品牌的共同特点。

三、影响汽车品牌名称翻译的因素

影响汽车品牌名称翻译的因素不能只从一个方面进行分析，应多角度进行过。这是因为汽车品牌名称的翻译不只是一种翻译活动，从深层意义上来讲，它更是一种创造过程，并且需要市场的实践加以检验。在汽车品牌推广过程中，所有与语言、文化和商业相关的因素将会对翻译策略形成一些共同的影响。

（一）语言因素

作为一种从一种语言到另一种语言的转换，汽车品牌商标的翻译也应该首先考虑语言因素。翻译时，译者的第一步是检测翻译对象的语言环境。然而，在汽车品牌名称的翻译中，语境往往是隐形的。所以必须充分了解汽车品牌名称的形成和语言特征。

（二）商业因素

汽车品牌名称的翻译分析离不开商业方面的考量。作为企业跨国营销的一部分，汽车品牌商标的翻译是营销人员一个必须考虑的重要问题。汽车品牌名称翻译的独特性与商业因素有着密切的关系。

（三）文化因素

品牌名称的翻译从本质上是一个跨文化活动，涉及语言和文化层面的理解。它涉及密切相关的源文化和目标文化的两种语言。一个合格的译者不仅要熟悉源语言和目标语言，还要熟悉这两种有可能迥然不同的文化。理解目标消费者的文化对译者来说非常重要，他们必须全面了解源语言中汽车品牌商标所承载的文化信息，并将这些信息传递到目标语言对应的商标命名中。品牌名称的正确翻译在汽车厂商的跨国营销战略中起着重要积极的作用。在中国，无论这个人是不是汽车爱好者，他（她）绝对听说过或知道 BWM（宝马）和 Benz（奔驰）是公认的普通人口中的汽车品牌。造成这种现象的原因无疑在于他们的高质量和良好声誉。实际上，其中一个不可忽视的因素是他们令人印象深刻的品牌名称传达了积极的文化内涵，从心理和美学角度满足了消费者或潜在消费者的需求。但从另一个角度来看，促成这种现象的原因是商标语言和文化的作用。单纯的英文单词或字母组合 BWM 和 Mercedes-Benz 对普通中国人来说很难说有多少意义或联想，但它们翻译的中文商标"宝马"和"梅赛德斯－奔驰"会引发人们联想到飞驰的骏马，以威严潇洒的姿态在快速奔跑。这些内涵会提高顾客的购买欲望。在这种情况下，在开拓全球市场的过程中，BWM 和 Mercedes-Benz 汽车品牌可以在中文成功商标翻译的加持下，轻松顺利地打开中国广阔的国内市场，在品牌形象和产品销量都获得了巨大成功。

第三节 适应理论

下面重点介绍商标翻译领域中应用最为广泛的适应论。

一、适应论的提出和内涵

适应理论是由维索尔伦提出的。Vershueren（维索尔伦）在 1999 年提出语言适应论。根据 Verschueren 的观点，语用学不仅位于语音学、形态学、句法和语义所属的对比集之外；它也不适合神经语言学、心理语言学和社会语言学等跨学科领域。要确定一个特定的语用学研究对象是不可能的。在 Verschueren 看来，语用学关注的是语言行为的全部复杂性。语言语用学研究人们对语言的使用，这是一种社会行为。这门学科研究社会行为时，与认知、社会、文化等因素有着密切的关系。因此，"语用学是从认知、社会和文化角度对语言现象及其在行为形式中的使用进行的跨学科研究。"语用学强调语言的功能，并试图探索语言如何与社会生活的各个方面相关联以产生意义。因此，Vershueren 声称，"使用语言必须包括不断做出语言选择。"Verschueren 的观点为语言研究提供了一种全面而科学的方法。

二、适应理论的哲学基础

适应性理论在哲学上得到进化认识论的支持，进化认识论"生物学理论，尤其是其自然选择范式扩展到了行为和社会文化的各个方面，包括语言、学习和科学。"（孙静，2002）进化认识论将生物体视为持续解决问题的过程，将行为和社会文化适应视为认知过程的产物，将人类进化通常解释为知识的增长。

这种功能解释的可行性应用于语言领域可能取决于进化中的自然选择机制和强化机制之间的区别，后者更接近于在语言的形成过程中发生的事情，并由此延伸到语言的功能中。

因此我们知道，就像生物进化一样，在语言的适应过程中，一些语言被选择然后"生存"下来，而其他语言被淘汰然后永久"死亡"了。随着生物体对自然的适应，语言和语境之间的适应是相互进行的，即我们应该使语言适应语境，同时语言在使用过程中也会改变和重塑语境。

三、解读选择

适应性理论指人们对所使用的语言包括出于语言内部（即结构）和（或）语言外部原因有意识或无意识地不断做出语言选择。作为一种语言使用理论，适应性理论应该能够解释在不同的交际语境中如何做出语言选择。关于语言选择的以下如下假设应该得到澄清（Jef Verschueren，2000）。

假设 1：在每一个可能的结构层次上做出选择：语音、形态、句法、词汇和语义。它们可能涉及多种内部选择，也可能涉及区域、社会或功能分布的变异类型。在很多情况下，不同层次的选择是同时进行的。

假设2：说话者不仅选择语言形式。他们也会选择交际策略。也就是说，他们可以通过各种语言形式表达某种想法或执行某种言语行为，但他们只选择在特定的交际情境中使用能够实现其交际目的或需求的语言形式。

假设3：选择过程可能表现出程度不同的意识。一些选择是高度积极的，而另一些选择是自动的，因为他们的社会化过程，甚至他们的人生经历教育程度不同而造成。例如，在英文句子"Mr.Green owns a large factory.（格林先生拥有一家大型工厂）"中，英语母语人士几乎会自动在单词"own"后添加谓语动词的第三人称单数变化形式"s"，而这种行为在非英语母语人士中可能只有具有高度的意识才能完成。

假设4：在产生和解释话语时都要做出选择。这两种选择对沟通过程和意义产生的方式其重要性是相同的。

假设5：一旦使用了语言，用户就有义务做出选择。语言使用者在选择和不选择之间没有选择的自由，除非他或她可以决定是否使用语言或保持沉默。无论可能性的范围是否能完全满足当下的交际需要，做出选择都是必须的。

假设6：选择并不等同。"对于不同类型的话语，有优先和不优先的回应"。有些选择比其它选择更可取。从语言学角度解释这一现象的传统方法是使用"有标记"和"无标记"的概念。

根据语言学中的标记理论，在世界语言中，某些语言元素比其他被称为"标记"的语言元素更普遍、更自然、更频繁（即为无标记）。例如，在询问"How tall is he？（他有多高）"时，"tall"一词没有标记，而不是"short（矮）"。在大多数情况下，未标记的语言元素比其他元素更容易选择。

四、语言的三个属性

Verschueren 声称，在适应做出选择的过程中，至少需要三个层次相关的关键概念。它们是可变性、可协商性和适应性。

（一） Variability 可变性

可变性是语言的属性，它定义了做出选择的可能性范围（何自然，于国栋，1999）。这种可变性的概念可能与传统上所谓的"语言变体"有关，无论是从地理、社会还是功能上定义的。胡壮麟说提出语言处于不断变化的状态，我们描述的语言从来没有一个时刻是静止的。而且任何语言社区的语言也从来不是统一的。不同的人群（比如，由于年龄、性别、职业或教育）所说的语言种类有所不同。（胡壮麟、刘润清、李延福，1988）。因此，可变性的概念意味着涵盖所有可变选项，必须假定语言用户可以访问这些选项，以便他们能够做出选择。要选择哪种语言选项完全是一个个人自由决定的问题。

（二） Negotiability 可协商性

Verschueren 将可协商性定义为语言的属性，它使人类能够从各种可能性中做出可协商的选择，从而接近满足交际需求的程度。这是因为选择不是机械地或根据严格的规则或固定形式的功能关系做出的，而是基于高度灵活的原则和策略。这种选择具有不确定性和风险性。事实上，可协商性意味着各种不确定性。首先，这个问题存在语言使用者选择语言的不确定性。语言使用者必须做出选择，无论这些语言是否完全符合自己的需求。其次，翻译者的选择也存在语言选择的不确定性。无论说什么，都可以基于多种原因并以多种方式进行解释（例如，每个人的不同认知能力或共时和历时原因）。

如果语言选择包括从广泛而不稳定的可变性中不断做出语言选择，这种选择不是由规则控制的，而是由高度灵活的原则和策略所驱动的，那么人们会问，语言如何仍能成功地用于交流目的。这就引出第三个关键概念，适应性。

（三） Adaptability 适应性

"适应性是语言的特性，它使人类能够从各种可能性中进行语言选择进行交流，以接近满足交流需求。"（Jef Verschueren，2000）

对于这个定义需要注意几点。首先，上述定义中的"满足感"只是"接近的"，这可能在不同程度上发生。这一术语不应被解释为既不排除严重沟通失败的可能性，也不排除需要不沟通的情况发生。此外，适应性不应被单向解读。该术语本身可能有助于简化根据先前存在的情况进行语言选择的意愿。同时，语言环境也会因做出的选择而改变或适应。

我们在本章中介绍的三个概念基本上是不可分割的。他们是可以用来处理语用现象的复杂性等级排序的概念工具，这将使我们能够使用更高阶的适应性概念作为进一步理论形成的参考。适应是一个以可变性和可协商性为内容的认知过程。

五、适应性的不同方面

为了更好地进行语用描述和解释，可以从四个相互关联的角度来探讨语言适应性应，即适应的语境关联、适应的结构对象、适应的动态性和适应过程的显著性。

这四项任务可以被视为对任何特定语言现象进行适当语用透视的必要组成部分。它们相互关联，并对语用视角的整体框架做出补充。由于它们之间的动态互动关系，语言的产生和理解过程也是动态的。

（一）适应性的语境相关因素

Verschueren 的语境关联包括物理世界、社会世界和精神世界。说话者和翻译者是语言使用的焦点，在适应过程中不可或缺。"物理世界包括时间参照和空间参照。无论第三方在语篇主题出现的，还是以其他方式出现，社会世界不仅涉及说话者和翻译者之间的依赖关系以及权威关系，还涉及说话者和 / 或翻译者与任何第三方之间的依赖关系及权威关系。精神世界包括传播者的心理倾向，如个性、情绪、信仰、欲望或愿望、动机或意图等。"（Jef Verschueren，2000 年）

（二）适应性的结构目标

适应过程必须与适应的不同结构对象相联系。由于交际选择发生在语言结构的所有可能层面，涉及任何种类的变异性，语用现象可以被忽略与"从声音特征和音位到话语及其他"结构的任何层次或层次有关，或与任何类型的层次间关系有关。不仅涉及结构，还涉及"结构"原则。

（三）适应性的动态变化

语言使用是一个动态的过程，语言要素一方面适应语言环境，另一方面语境要素适应语言要素。语言使用也是一个过程，在这个过程中，交际原则和策略被用来做出和协商生产和翻译的选择。

（四）　适应过程的显著性

人类有能力认识和表现外部世界，因此语言的过程可以被视为交际者对自己的一些选择进行有意调整的过程。并非所有的选择，无论是产生或解释，都是同样有意识或有目的地做出的。显著性基本上是语言使用中涉及的反身（或我们称之为"元语用"）意识运作的一种功能。

综上所述，这四个方面是相互关联、相互依存的。语言的功能在于生成意义，意义的生成过程是一个动态的过程，在这个过程中，人们会有意识地进行双重适应（语言结构适应语境，语境适应语言结构）。

正如我们之前所讨论的，自然语言的使用是沟通者（说话者和听者）之间的互动过程。适应理论认为，成功交际的最终目的是达到预期的交际效果或语用效果。在言语交际中，说话者必须从可获得的可能性中做出灵活的选择，以满足交际需要。在语言使用过程中，语言形式和策略的选择必须积极适应特定的语境和语言结构。在交流（口头或书面）时，演讲者应该有意识地考虑听众的可接受程度。只有这样，他才能成功地向听众传达他的话语或文本意图。适应过程的显著性在程度上有所不同，并对交流的结果产生影响。语境与语言使用是相互影响、辩证统一的。语境不是静态的，而是动态的和发展的，它是在交际者之间的语言使用过程中形成的，并随着交际的发展而更新或变化。话者和口译员都是语境中的焦点，话语意义是通过语境与语言结构的互动在选择过程中动态生成的。这就是所谓的"适应性动力学"——适应性理论的核心。

　　适应模式为语用学的研究提供了新的思路，极大地促进了语言使用方面的研究。它为语言使用规则提供了一个充分的描述框架，而明示－推理模式却没有做到这一点。例如，它对交际双方——说话人的话语产出和听话人的解释——给予同等的关注。此外，它还详细描述了话语是在什么层次上为特定的交际目的而产生的：语音、句法、语义或语篇等。然而，它在理论上的描述是不够的。Verschueren 认为，适应性的普遍性与语言能力的先天性是不相容的。它基于社会中的"心智"，由社会和认知因素构成，因此可以解释语言的多样性。他还承认，"最明显地参与语言使用的心智'工作'可以用三个标签来讨论：感知和表征、计划和记忆"（Jef Verschueren，2000）但有成千上万的物体，人们可以感知、表达、计划和记忆。人们如何从这些表象中找到适应性的对象？也就是说，适应性普遍性的基础是什么？此外，Verschueren 认为，适应的过程是传播者对某些假设的突显过程。问题在于，为什么会有显著程度，也就是说，为什么有些选择是非常有意识的；其他选择几乎是自动做出的。这些都是Verschueren 在适应模型中没有解决的问题。

第四节 汽车商标翻译的适应论模型

在中国，翻译对一些学者来说是一种语言现象。然而，目标文化的信仰结构、价值体系、文学和语言习俗、道德规范和政治权宜之计总是以强有力的方式塑造翻译（罗宾逊，2003）。我们经常面临在使用语言时做出选择的需要（Quirk，1995）。我们可以发现，一般的语言使用，尤其是汽车名称翻译，都是为了或多或少地适应不同的语言和语境因素。译者的语言选择充分证明了他对顺应方法理论框架中涉及的名称的有意识或潜意识顺应。

适应理论由生成所需目标汽车商标所涉及的全部参数组成。需要指出的一个基本事实是，汽车名称翻译中的语言使用首先是一种语言行为，也是一种社会文化产物。因此，交际语境中的对象和语言语境中的结构将是我们研究的重点，因为它们是影响译者选择词汇的主要动机。这两个方面不能被视为可分离的适应对象。相反，它们是相互适应的，在翻译汽车名称的过程中相互作用。换言之，翻译后的汽车名称可能需要在语言之外对其语言结构进行修改——这是内部原因，同时，这种特定语言形式的语用意义必须面向目标设置。因此，我们能够对公司名称翻译活动进行深入研究，并提出全面的分析和解释。从本质上讲，顺应的操作是在微观和宏观两个层面的语言使用对比研究的基础上进行的。

人们普遍认为，汽车商标翻译并不是简单地在目的语境中对源汽车商标进行解码。通常，这是一个复杂的生成和选择过程，最终目标汽车商标是适应的结果。

一、从适应论角度解读汽车品牌名称的翻译

本节将在顺应论的指导下探讨具体的汽车品牌名称翻译。

（一）运用适应论翻译汽车品牌名称的意义

随着国际贸易和经济全球化的迅速发展，世界各地的公司都在不遗余力地在世界市场上推销自己的产品或服务，并在全球范围内建立品牌。中国有句俗话："文如其人，人如其名；名不正则言不顺，言不顺则事不成。"对人来说，名字与人终生相伴，某种程度上是一个人的一生的缩影。对汽车品牌商标来说也是一样，拥有一个领先的品牌就相当于已经具备了强大的竞争优势。因此，企业在向国际市场销售专有商标品牌产品的过程中逐渐认识到品牌的重要性。

显然，一个品牌的成功翻译将会极大地助力公司业务的提升，而品牌商标的错误或不当翻译将导致数百万美元的业务损失，更不用说损害公司的信誉和声誉。如，目前风头正劲的丰田汽车在 20 世纪 60 年代，设计生产了一种成本低廉的小型轿车，进军美国市场，为突出其"小"的特点，定名为"Toyolet"，即"东洋小车"，（Toyo"东洋"+let"小"）。

该车后来在美国市场的销量不好，根本卖不动，经多方调查得知 Toyolet 与英文中 toilet（厕所）一词读音相同，哪个美国人愿意自己的汽车被称为"厕所"呢？然而，当它被翻译成英语时，"Toyolette"与"马桶"的发音相同。显然，因为它的名字造成了公司产品的滞销。另一个例子是著名豪华汽车品牌劳斯莱斯的第一代"银影"系列，其英文名字"silver shadow"。确定此命名的过程还有一段有意思的故事，最初"银影"起名叫"银雾"(Silver Mist)，而"Mist"在德语中是"肮脏"，以及"粪便"。"银雾"劳斯莱斯汽车对德国消费者没有吸引力，直到后来被改名为"银影"（Silver Shadow）之后他在德国的市场才打开销路。进入中国市场的外文商标品牌汽车，迫切需要对这些品牌商标进行恰当的翻译，从而在市场竞争中取得成功。

一方面，适应论为翻译实践提供了一个普遍的理论框架，具有指导作用，而不是译者有限的关注范围在源语和目的语之间做直译式翻译。在功能翻译主义理论中，译文接收者被赋予了更高的地位和更具影响力的角色。目标接受者是最重要的因素，译者应考虑适应理论的应用过程。另一方面，适应论提供理论依据。遵循适应论的理论和实践可提供翻译过程可行的操作规则，即适应规则、协调规则和完整性规则，其过程包括翻译决策和问题解决过程。大多数翻译操作允许部分的适应，这可能是一个原商标和翻译商标之间相互适应的过程。翻译者应该能够证明他们在翻译具体案例时选择了具体的改编。翻译（改编）是指为简单的翻译。

（二）从适应理论看汽车品牌名称的翻译

为了使汽车品牌在目标文化中吸引目标消费者，商标翻译者必须确保翻译后的品牌商标不仅能发挥其原有商业功能，而且能满足目标消费者的需求。因此，作者提出了以下三个原则来指导翻译过程：

1. 指导原则为适应规则

在适应论中，任何翻译的第一条规则都是适应行为规则，人们认为它的适应决定了翻译的成败。在许多情况下，有经验的商标翻译者可以从改编的翻译中推断出来。在大多数情况下，商标翻译者应在已经完全熟悉该公司自身的商业运行风格等基础上，使用适应行为规则来试试具体商标翻译行为。

因为人们通常认为，在特定的文化群体中，在特定的时间，特定商标品牌的翻译通常是由基于对特定品牌的原文本的适应而成的。然而，一个由接收者设定的目标，以适应其中的文本，或接收者是起主要作用的许多因素。

因此，适应行为是为适应翻译策略而确定如何翻译的一项特定任务，可能需要调整直译或意译方法的翻译，或在任何两个极端之间，根据需要翻译的目的进行调整。从这个意义上讲，适应规则是较好地解决自由对抗忠实的翻译方法。因此，在翻译功能中，源文本和目标文本之间的对等不再是指导原则，要做到"一劳永逸"，应为可适应所有可能的翻译。在翻译过程中的所有程序都由翻译者、翻译策略或具体翻译方法决定，选择时应与每一个具体的翻译服务相适应。

汽车品牌名称的主要目的是激发消费者购买消费品的欲望。为此，一个好的品牌商标翻译应该能够表达并满足消费者的需求。翻译决策的目的是证明营销方法或手段是正当合理的。

2. 翻译是有意的互动

正如维米尔所说，当我们谈到意向性互动时，我们假设有一种选择，即限制某一特定行为的方式，或以某种方式行事，而根本不采取行动（维米尔，1989）。

翻译过程是一种有意的互动，这意味着它首先要改变现状。更严格的来说可能是为了进一步交流沟通，比如将源文本的内容告知目标接收者，或者告知源文本发送者的观点。"奥迪"品牌的由来就是恰当的例子。该牌汽车最初是由位于茨威考市（现属德国）的霍奇一沃克公司创始人霍奇"Horch"1899 年研制的。起初，他曾以自己的姓氏命名这种汽车。但后来由于他 1902 年因股份重组，在董事会和监事会成员发生争议后失去了对公司的独自经营权，也就无权再用自己的名字做为产品商标。但霍奇十分聪敏地将自己的姓氏翻译成托丁语，即将德文的 Horch（听）变成了拉丁文"audi"（"listen"听）。这样既让商标带上古典语言的雅味，又延续了原牌号的意义。

意向性可能与翻译者有关，更常见的是，与翻译过程的"发起人"有关。发起人是指开启翻译过程并通过定义目标文本的目的来确定其过程的个人、团体或机构（Nord，2001）。Vermeer 反复强调，"意向性"并不是指真正有意的行为，而是指参与者或任何观察者认为或解释为有意的行为。由于不同语言之间的文化和语言差异，商标品牌在一个国家的成功翻译并不能保证它在另一个国家也能获得成功。如果简单逐字翻译而不进行任何的调整，这样翻译得来的商标很可能无法发挥其功能，必须要警醒适应性调整。例如，丰田汽车公司的一种汽车"Lexus"（雷克萨斯）。此款车最先是在北美推出的，因为"雷克萨斯"（Lexus）的读音与英文"豪华"（Luxury）一词相近，容易让人认为该车是豪华轿车。引入中国市场之时被翻译成"凌志"，因为它的英文发音与粤语发音"凌志"相似。后来，为了迎合那些不会说粤语的消费者，拓展市场份额，改名成"雷克萨斯"，取得了成功。

3. 目标读者的关注焦点

在适应论的框架下，决定翻译目的的最重要因素之一是目标读者，他们是目标文本的预期接受者或受众，具有特定文化的知识、期望和交际需求。在翻译理论的一般基础上，Vermeer 提出了目标文本功能的概念，并指出"译者的整体参考框架不应该是原文及其功能，正如基于对等的翻译理论所说的那样，而是目标文本在目标文化中要实现的功能或功能集"（Vermeer，1987）。目标受众在翻译过程中起着决定性的作用，尤其是在汽车品牌名称的翻译中。市场的发起者或汽车公司最关心的是通过翻译的品牌名称销售产品。从这个意义上说，在汽车品牌翻译中，目标受众可以被视为消费者或潜在消费者。由于目标受众不同，翻译策略和方法也应该有所不同。为了达到告知目标受众并说服他们购买的目的，译者应充分考虑目标受众的年龄、性别、经济状况、教育背景和职业等方面背景。

（三）汽车品牌名称翻译应考虑的因素

本文认为，"目的证明手段"理论符合绝大多数翻译界的观点。商标翻译是一种跨文化交际，涉及当地文化、消费心理、审美趣味等多种因素。由于全球品牌语言、民族主义、产品属性和文化的复杂性，多样性导致或管理者决定是否翻译品牌，品牌管理对世界的成功至关重要。因此，在汽车名称的翻译过程中，译者应考虑到译语文本、文化多样性和消费者期望等因素。

1. 目标文本的预期功能

翻译越来越被视为一种工具，在特定的语境或更广泛的文化语境中，对特定的读者群体实现特定的功能。预期文本功能是指目标文本在目标文本环境中执行的功能类型。品牌名称的主要功能是告知想要了解和使用这种产品的消费者。虽然品牌名称的主要文本功能大致相同，但不同的源文本会产生不同的功能，或者强调不同的方面。

为了明确译文的预期功能，译者应该熟悉译文的改编。换言之，在适应论的指导下进行翻译时，译者理解译文的适应性至关重要。如上所述，每一篇译文都应该符合一定的翻译大纲。每一篇文本都有自己的目的和功能，在大多数情况下，译文的改编可以根据译者之前的经验从原文中推断出来。然而，源文本并不总是包含所有必要的说明或传递所有信息。此外，"根据定义，源文本履行其功能的情况与目标文本的情况不同"，因此"每项翻译任务都应附有一份摘要，说明目标文本履行其特定功能的条件"（Nord，2001）。以日本汽车公司的品牌名称为例：

一些日本汽车是借用"Crown"等词命名的。为了促进这些汽车在中国市场的销售，译者在翻译这些品牌名称时，根据目标文本的不同预期功能，采用不同的翻译方法。为了体现"皇冠"的奢华特征，它被直译翻译成"皇冠"。

2. 消费心理学

为了追求利润和实现产品的价值，公司将产品投放市场，并采取各种措施促进销售。除了广告口号、包装、价格、广告和其他相关项目外，这些公司还不遗余力地收集好的品牌名称，以便给人们留下好印象。消费者是他们营销活动的预期反应器。品牌翻译作为营销活动中不可或缺的一个环节，不可避免地要以消费者为导向。根据 Nord（2001）的说法，源文本制作人已经制作了作为翻译活动源的文本。

预期的目标是接受者对译文的接受，因此译文产生了决定性的因素。潜在接受者从文本制作者的角度来看，接受者是一个个人、团体或组织，事实上，在阅读或聆听之后，已经产生了文本。因此，在汽车品牌的翻译中，消费者翻译的对象是预期的接受者。

然而，不同的意识形态背景有着不同的消费心理。例如，法国女性更愿意喝矿泉水，以保持其身材苗条；德国女性喝它是因为它健康，而英国女性选择它只是因为它时尚。随着商业项目的多样化，没有相似数量的优秀品牌，相似的产品对消费者没有太大的影响，是什么刺激了消费者选择特定的产品，很大程度上是他对产品的心理反应。快乐或无感，喜欢或拒绝，这些都是关注心理因素的关键，消费者心理在某种意义上可以影响商品厂商的进一步发展。也就是说，汽车品牌营销和翻译人员两方面，掌握和消费相关信息的心理控制，具有重要意义。正如我们所知，"BMW"是公司全称"Bayerische Motoren Werhe AG"德国巴伐利亚汽车公司的首字母缩写。"BMW"也是该公司生产的飞机发动机、越野车、摩托车和一流汽车的品牌商标名称，它似乎没有传达任何特定的含义。当汽车进入中国市场时，商标译者根据消费者的购买心理，即他们对了解一流汽车性能的期望，调整自己的语言选择，并将其翻译为"宝马"，表示汽车的速度和中国传说中的马一样快。另一辆名车"Porsche"被翻译成"保时捷"。"保时"保留部分原始发音，同时"捷"，强调汽车的快速行驶。这些翻译的品牌商标名称都迎合了目标消费者的心理需求，并在中国市场上取得了成功。

3. 文化多样性

语言是文化的固有组成部分，文化在一定程度上决定着语言的使用。品牌名称来源于某种语言；因此，它必须具有它所属文化的某些特征。而翻译是一种发生在不同文化之间的语言交际行为。因此，汽车品牌商标的翻译不是一种机械的语言翻译，而是一种跨文化的交流。

每个国家或民族都有一套既定的社会习俗、宗教信仰和道德价值。因此，汽车品牌名称翻译的目的语应适应目标国家民族的文化背景，符合文化传统。

为了跨越两种语言国家的文化障碍，商标翻译者应该熟悉目标文化，并进行灵活的改编，以使目标受众易于理解和接受翻译后的商标名称。企业在输入外来产品和推广出口品牌时，既要注重翻译品牌商标的美感，又要注重在目的国此品牌的文化内涵和是否触犯文化禁忌。

二、翻译方法

这一部分论述了基于适应理论的具体翻译方法。作者提出了五种翻译方法，并结合具体实例进行了分析。

（一）直译

我们知道翻译需要忠实于原文，那么，它是否意味着在何种形式下都要忠实的直译？忠实是一种准确的翻译，即"正确理解和表达原意"这是直译理论中一个更为普遍接受的概念。

早期的直译理论可以追溯到古希腊早期，当时最有影响力的代表是七种希伯来文《圣经》的希腊文译本，共有七部。在宗教思想的影响下，所谓的翻译必须是对应的逐字逐句，翻译强调原文的绝对威严，译者无权修改。这些翻译思想对后世产生了巨大的影响，虽然这种观点只存在于翻译理论发展的早期阶段，但直到近代在中国它仍然有很多坚定的支持者，其中最有影响力的无疑是鲁迅。鲁迅主张翻译应保持原意。他这样做的目的是：在介绍外国思想以供借鉴的同时，还要通过译文改造我们的语言。鲁迅译的《苦闷的象征》等书，文字就非常流畅，但仍然是直译。直译是翻译中常用的一种方法。直译，也称为直接翻译，是将文本从一种语言"逐字逐句"地翻译成另一种语言。直译的目的是尽可能接近目标语言的语义和句法结构。

在汽车品牌名称的翻译中，它指的是根据其含义或内涵来寻求原名称在目的语中的对应关系。以下是几个典型的例子：

"Crown——皇冠""Blue Bird——蓝鸟""Beetle——甲壳虫""Santana——桑塔纳""Passat——帕萨特"等。

"Crown"（皇冠）是一个知名的汽车品牌，也是国王或皇帝的象征，因此它所代表的产品被赋予了皇家和豪华的颜色。更重要的是，这在心理上暗示车主在驾驶汽车时享有某种优越感。通过直译翻译方式找到其中文对应词语——"皇冠"。 事实上，在中文语境中它与英文语境中"Crown"所指是完全相同的物品。此外，在汉语和中国文化中，它还代表着统治阶级的优越性，这是大众所艳羡的。可以想象"皇冠"，作为"Crown"的中国品牌名称，表明汽车所有者享有一种优越感而自豪感，这正好满足了此品牌消费者的心理需求。

汽车品牌"Blue Bird"来自比利时作家 Maurice Maeterlinck（莫里斯·梅特林克）1908 年创作的《青鸟》，该剧获得了诺贝尔文学奖。《青鸟》是一部童话剧，该剧描写了樵夫的孩子蒂蒂尔和米蒂尔在圣诞节前夜受仙女之托为邻家生病的女孩寻找青鸟的经历。他们到了思念之国、夜之宫、森林和墓地，又来到了幸福国和未来王国。他们找到的青鸟不是改变了颜色就是死掉。最后，他们发现，自己家的斑鸠就是青鸟，它治好了女孩的病，并且飞走了。兄妹俩也在这一次历险中领会到了幸福的真谛：原来青鸟就在自己家里，而幸福，就在身边。只有甘愿把幸福给别人，自己才会感到转瞬即逝的幸福。从长远来看，它有着深远的文化影响，加强了与幸福和青鸟的联系，这导致它很快就被用作众多商品的商标，包括面霜、饼干、快艇、汽车在内。在中国文化中，青鸟是有三足的神鸟，是传说中西王母的使者。在文学上，青鸟是被当作传递信息的使者的。南唐中主《山花子》有"青鸟不传云外信，丁香空结雨中愁"的诗句。青鸟是凤凰的前身，色泽亮丽，体态轻盈，是具有传递幸福佳音的吉祥之物。

"Santana"（桑塔纳）是德国大众1981年的注册商标，此商标来自美国加利福尼亚州一个山谷的名字。桑塔纳山谷盛产珍稀葡萄酒，那个地方经常被强气旋席卷，这种趋势旋风也被称为"Santana"。在引入中国时，商标直译为"桑塔纳"。

"PASSAT"（帕萨特）是德国大众汽车（Volkswagen cars）公司商标，以德语"信风"也称"贸易风"命名，即为"帕萨特"。

在国内汽车工业几十年的蓬勃发展，一些品牌也开始走向世界。在对外品牌命名时，也频频采用直译，如江铃控股旗下拥有国内知名乘用车品牌：陆风汽车品牌国内商标为"陆风"，其外文商标直译为"Landwind"；吉利"熊猫"吉利全球鹰品牌首款精品车型，采用时尚的"工程仿生"手法设计，其英文商标直译为"Panda"，在美国《商业周刊》排出的"世界最小车"榜单中名列第七位。除此之外还有奇瑞集团的"Oriental Son"（东方之子）品牌。

从以上例子，我们可以发现三条规则：第一，这些品牌商标的翻译都

是基于意义的，对应于各自的原始名称；第二，每一种语言对受众来说都是自然的，因为它们与受众的语言和文化作为一个整体相适应；第三，经直译得来的翻译商标与原商标享有最高程度的近似性。因此，直译对于某些商标翻译来说是一种可行的翻译方法。

（二）音译

音译，指用发音近似的汉字将外来语翻译过来，这种用于译音的汉字不再有其自身的原意，只保留其语音和书写形式。如果将一个英文汽车品牌名称翻译成中文，则创建的名称将使用与英文发音相同或相似的汉字。典型的例子如："Cadillac——凯迪拉克""Rolls Royce——劳斯莱斯"。

当说出这些品牌名称时，它们的声音几乎与来源名称完全相同。事实上，它们在英语和汉语中都达到了相似的音效。

凯迪拉克汽车是以17世纪法国探险家 Sieur de Cadillac（安托万·劳米特·德拉莫瑟）的姓氏命名的，他于1701年创建了底特律。底特律被称为世界传统汽车中心，美国汽车工业的代名词。所以我们把品牌名称翻译成"凯迪拉克"。"Cadillac"是通用汽车旗下的豪华汽车品牌，行销50多个国家和地区。从20世纪中期开始，这个名字在美国成为"高品质"的同义词。

"Rolls Royce"是英国著名的汽车品牌。这个名字来源于公司创始人 Frederick Henry Royce（亨利·莱斯）和 Charles Stewart Rolls（查理·劳斯）。1904年，他们在曼彻斯特相遇，决定创建一家生产"世界上最好的汽车"的公司。"Rolls Royce"是身份的象征，数十年来，"Rolls Royce"一直是英国王室的专用车辆。所以把"Rolls Royce"这个品牌按音译方法翻译成"劳斯莱斯"，保留了其异域风情和高贵形象，自然使消费者产生一种想去探究其文字背后奥秘的心理，从而达到吸引消费者、宣传商标品牌的商标命名目的。

（三）意译

根据原文的意思，译者不需要注意原文的细节，而应该符合目的语的文化和习俗。意译不需要关注原文的形式，包括原文句子的结构、原文的意义等。在翻译汽车品牌名称时，我们应该创造符合中国人审美观念的翻译术语，赋予它们新的文化联想意义。一些典型例子如："Regal——君威""Legend——里程""Accord——雅阁""Fiesta——嘉年华""Phantom——幻影"，等等。

"Regal"是通用汽车集团别克品牌下的一款重要车型，具有大马力、个性化、实用性和成熟的特点，专为那些事业有成人士提供的豪华车辆。Regal 在英文中有"帝王的；王室的；豪华的"的意思，用作汽车品牌，其中文商标译为"君威"，就是典型的意译方法的使用，成功地挖掘和体现了原商标丰富的文化底蕴，在消费者心目中创造良好的心理形象。

"Phantom"是豪华品牌劳斯莱斯旗下的重要系列车型。Phantom 在英文中意为"鬼魂；幽灵"，其中文名意译为"幻影"，不啻为一经典之作。

（四）创造性翻译

创造性翻译是一种创造新品牌名称的方法，而其意义与源语言中的原品牌名称几乎没有联系。创造性翻译为译者提供创造性空间。它可以被视为品牌名称的真正再创造。这种方法既不需要音译，也不需要直译。这种方法的优点是它能给观众留下深刻印象，就像"BMW"被翻译成"宝马"，"Lacrosse"被翻译成"君越"。雪佛兰品牌下在加拿大与美国的Epica，而在中国有了一个中文名字——景程。在创造性翻译中，选择的词语总是首先考虑目标语言中接受者的反应。这种方法的缺点很明显，消费者可能无法辨别英文商标名与中文翻译之间的关系。这不利于建立品牌形象和信任。因此，应评估确定应用该策略命名商标的必要性。因为创造性翻译的应用可能会导致品牌推广中的不一致。

（五）部分译法或零翻译

有些商标本身不可翻译，或者翻译后不自然。此时可以采用或零译法。零译法主要针对名称过长或者很难用汉语清楚解释的英文品牌名，可直接用其英文表示。如，宝马的"MINI Cooper"，奔驰的"Smart"，东风雪铁龙的"DS"，现代的"ix25""ix35"，奥迪的"A4""A6"等。

还有一些特殊的翻译方式，如雪佛兰有一款车名为"spark"，引入中国后车名就是"雪佛兰spark"。对现代中国人来说，英语的普及运用使一些外来商品名逐渐被时尚一族接受，甚至有引领时尚潮流趋势。

第五节　近期国内汽车品牌翻译中的
错误与应注意问题

　　汽车品牌名称翻译不好或不成功通常是由于译者的语言缺陷和文化能力所造成的，这会对消费者的购买行为造成负面影响。

　　缺乏目标语言能力是致命的。原因就在于译者对目的语和文化的不熟悉。"Chevrolet Nova"是通用汽车公司雪佛兰分部于1962年推出的一款美国小型车。通用汽车将他们的汽车推向说西班牙语的墨西哥市场，但销量奇差。通用汽车的高管们一直疑惑不解，直到得知"nova"一词在西班牙语中的意思是"不去"。（在英语中，"短期内突然变得很亮的新星"）。尴尬的汽车巨头将车型名称改为"Caribe"，然后汽车的销量开始飙升。

　　对于中国本土汽车制造商来说，品牌的翻译必须非常谨慎。如，在2006年的国际汽车展上中国长安"CHANA"品牌一夜之间成了当地人的笑柄。在因为在葡萄牙语中，"CHANA"的发音与"XANA"（女性生殖器）相似。难怪中国汽车在巴西市场遭遇严重水土不服。

　　此外，商标名称的汉英翻译问题也主要存在于在英语中用拼音直接音译汉语商标。拼音和英语之间的拼写和发音有本质上的不同。一个英语消费者很难一下理解像"中华""风云""猎豹"这样的商标。这些译名不符合国际贸易惯例，很难打入国际市场。对于外国消费者来说，拼音的可读性和可理解性都不够。它对目标读者带来了困难，从而引起了不愉快的感觉。

因此中国汽车品牌在走出国门走向世界之时需特别重视中文汽车商标的英译或外译，认真考察当地国家民族的语言文化，避免触碰怨言文化禁忌而造成误解和尴尬，影响品牌形象和销量。

第六节　小结

在本章中作者结合对品牌商标翻译分析和实例，并基于适应论对中外汽车品牌名称的翻译进行了研究。在简介了几种常用商标翻译理论之后，指出典型成功汽车品牌名称翻译的影响因素。重点介绍了适应理论，包括内涵、哲学基础、解读选择、语言属性和适应性的不同方面。从适应论角度解读汽车品牌名称的翻译，并详述了常见的翻译方法，包括直译、音译、意译、创造性翻译以及部分翻译和零翻译。指出了近期国内汽车品牌翻译中的错误与应注意问题。这些分析和研究对我国正在飞速发展汽车工业的品牌商标建设以及对我国汽车品牌走出国门走向世界提供了有益的借鉴作用。

参考文献

[1]Charmasson, H. The Name is the Garne-How to name a Company or Product[M]. Illinois: Down Jones-Irwin,1988.

[2]Nida. E. A.Language, Culture and Translating[M]. Shanghai:Shanghai Foreign Language Education Press,1993.

[3]Nord C. Translating as a Purposeful Activity[M]. Shanghai: Shanghai Foreign Language Education Press, 2001.

[4]Vermeer. H. Skopos and Commission in Translational Action[A]. Venuti L. The Translation Studies Reader[C].London and NY:Routledge, 2000.

[5] 蔡敏. 汽车品牌名称的语言与文化研究 [D]. 哈尔滨：黑龙江大学,2018.

[6] 曹志耘. 商标语言初探 [J]. 语言建设,1991(7):4-10.

[7] 陈明汝. 商标法原理 [M]. 北京：中国人民大学出版社,2003.

[8] 陈英. 品牌命名的国际化语境——比较视野下中国自主汽车品牌命名 [J]. 中国商论，2015(13):172-174.

[9] 冯广艺. 汉语修辞论 [M]. 上海：华东师范大学出版社,2003.

[10] 冯庆华. 实用翻译教程 [M]. 上海：上海外语教育出版社,2005.

[11] 冯修文. 应用翻译中的审美与文化透视——基于商标品牌名和品牌广告口号的翻译研究 [M]. 上海：上海交通大学出版, 2010.

[12] 傅红．顺应论视角下的商标翻译 [D]．长沙：中南大学，2013．

[13] 何自然，于国栋．《语用学的理解》——Verschueren 的新作评介 [J]．现代外语，1999（4）：428-435．

[14] 胡壮麟，刘润清，李延福．语言学教程 [M]．北京：北京大学出版社，1988．

[15] 甘辉．汽车车名翻译中的文化内涵探析 [J]．交通标准化，2009（203）：36-38．

[16] 季丽莉．商标的社会语言学分析 [J]．社会科学家，2008（8）：159-161．

[17] 李飞，李翔．世界最有价值品牌中文名称命名分析 [J]．中国商业经济，2004（12）：98 -104．

[18] 李明清，邹巧妹．文化差异视阁下广告与商标译语的美学等值 [J]．湖南社会科学，2012（1）：186-188．

[19] 李雪芹．界面研究下的商标翻译与美学 [J]．兰州教育学院学报，2014（9）：42-143．

[20] 凌兰波．论英文商标汉译中的文化语境动态顺应 [D]．长沙：中南大学，2010．

[21] 刘彦哲，张文艳．进出口产品商标的创制与翻译探析 [J]．中国商贸，2010（17）：229-230．

[22] 刘彦哲，赵儒侠．汽车商标品牌命名来源及命名美学特征解析——以大众汽车为例 [J]．河北北方学院学报（社会科学版），2020，36（06）：104-106+114．

[23] 刘友全．商标命名的原则与方法 [J]．开封教育学院学报，2008（3）：56-57．

[24] 刘彬．中华商标命名与翻译研究 [M]．长沙：湖南人民出版社，2015．

[25] 吕慧春．文化对中英商标翻译的影响 [D]．大连：东北财经大学，2010．

[26] 新牛津英汉双解大词典（第二版）[Z] 上海：上海外语教育出版

社，2013:2318

[27] 徐倩. 黎明女神：大众 EOS[]]. 轿车情报，2008(5):33-37.

[28] 杨一成，王皓. 汽车商标名的来源与翻译 [J]. 文史博览，2010(6):32-33.

[29] 袁真福，苏和泰. 商标战略管理——公司品牌的法务支持 [M]. 北京：知识产权出版社,2007.

[30] 张幔. 当前我国商标的命名问题研究 [D]. 哈尔滨：黑龙江大学,2017.

[31] 张振久，孙建民. 英汉互译技巧简明教程 [M]. 北京：外语教学与研究出版社,2009.

[32] 朱锋. 目的论指导下的汽车商标翻译 [J]. 安徽科技学院学报,2016,30(5):110-113.

[33] 朱亚军. 商标命名研究 [M]. 上海：上海外语教育出版社,2003.

[34] 朱亚军，朱云秋. 商标命名的暗示策略 [J]. 修辞学习,2001(3):26-27.

[35] 中华人民共和国商标法 [A]. 北京：中国法制出版社,2019.

网络文献

[1] 百 家 号 [EB/OL]. https://baijiahao.baidu.com/s?id=1671731917400981595&wfr= spider&for=pc.

[2] 百度百科 [EB/OL].https://baike.baidu.com/item/%E5%95%86%E6%A0%87/691568?fr=aladdin.

[3] 博 客 中 国 [EB/OL].https://net.blogchina.com/blog/

article/1117865.

[4] 汽 车 之 家 [EB/OL].https://www.autohome.com.cn/car/#pvareaid=3311275.

[5] 世界品牌实验室(World Brand Lab)[EB/OL]. https://www.worldbrandlab.com/ brandmeeting1/2021china500.

[6] 世界知识产权组织官方网站 [EB/OL].https://www.wipo.int/portal/en/index.html.

[7] 维 基 百 科 [EB/OL].https://wiwiki.kfd.me/wiki/%E5%95%86%E6%A0%87.

[8] 知乎 [EB/OL].https://zhuanlan.zhihu.com/p/80448049.